진묵대사와 조화문명

◉ 증산도상생문화총서 020
진묵대사와 조화문명

발행사항 : 2013년 6월 11일 초판 발행
글쓴이 : 원정근
펴낸이 : 안중건
펴낸곳 : 상생출판
주소 : 대전광역시 중구 선화동 289-1번지
전화 : 070-8644-3161
팩스 : 0505-116-9308
E-mail : sangsaengbooks@sangsaengbooks.co.kr
출판등록 : 2005년 3월 11일(제175호)
ⓒ 2013 상생출판

ISBN 978-89-94295-60-2
ISBN 978-89-957399-1-4(세트)

진묵대사와 조화문명

조화문명

원정근 지음

상생출판

들어가는 말

진묵대사震默大師는 한국불교사에서 신비롭고도 기이한 일화와 행적을 남긴 특이한 인물 가운데 한 사람이다. 수많은 기행과 이적을 남기면서 시대를 앞질러 간 한국의 괴짜 중의 괴짜였다. 세상 사람들은 성질이나 언행이 범상하지 않은 사람, 즉 별난 사람을 기인 또는 괴짜라고 부른다. 또 다른 말로 표현하면 세속의 바깥에 있는 사람이나 속세의 저속한 일을 벗어난 고결한 사람을 뜻하는 '방외지인方外之人'이라고 할 수 있다. 과거를 되돌아 볼때, 인류의 역사는 범상한 인물보다는 기인이나 방외지인들에 의해 다채롭게 전개되어 왔다고 해도 지나친 말이 아닐 것이다.[1]

진묵대사는 구비설화와 문헌설화 속에서 민중들의 간절한 소망과 염원을 한 몸에 오롯하게 지니고 있던 인물이다. 그는 조선 중기 민중들에 의해 새롭게 태어난 한 송이 기묘한 꽃이었다. 진묵대사는 천지 사이에서 너울너울 춤추면서 하늘을 이불로 삼고 땅을 자리로 삼으며 산을 베개로 삼으며, 달을 촛불로 삼고 구름을 병풍으로 삼으며 바다를 술통으로 삼았다. 이태백李太白이 「월

---

1 신경림 외, 『시대를 앞서 간 한국의 괴짜들』(서울: 영언문화사, 2004), 203쪽.

하독작月下獨酌」에서 "석 잔에 대도와 통하고, 한 말에 자연에 합치한다.(三盃通大道, 一斗合自然.)"고 말한 것처럼, 진묵대사는 '대도大道'와 '자연自然'에 합치하여 크게 취하면 벌떡 일어나 덩실덩실 춤을 추다가 문득 긴 소매가 곤륜산에 걸릴까 저어할 정도로 호방한 우주적 기개와 풍모를 지녔다.[2]

진묵대사는 신통력이 뛰어난 도인으로서 세상에 초연하면서도 인간미가 물씬 풍기는 다정다감한 이웃집 노인네 같은 살가운 사람이었다. 세속의 인연을 끊고 출가하여 초탈한 승려이면서도 가족과 이웃에 대한 애틋한 사랑을 잊지 않은 세속인이었다. 출가한 뒤에도 어머니와 누이동생을 외면하지 않고 평생토록 살뜰하게 보살펴 주었다. 진묵대사는 결코 손으로 움켜잡을 수 없는 바람과 같은 인물이다. 무소의 뿔처럼 그 무엇에도 걸림이 없이 홀로가는 자유인自由人이면서도 또 천지만물과 함께 살아간 우주인宇宙人이었다.

진묵대사는 유불선 삼교에 회통한 인물이다. 첫째, 진묵대사는

---

2 이병한, 『땅 쓸고 꽃잎 떨어지기를 기다리노라』(서울: 궁리, 2007), 285쪽.

타자구원보다는 자기구원에만 집착하는 소승불교를 비판하고 온갖 중생을 제도하는 보살행을 행한 부처의 화신이었다. 둘째, 진묵대사는 일곱 살에 봉서사로 출가한 뒤에도 모친과 누이동생에 대한 지극한 정성과 배려를 아끼지 않았다. 부모와 자식 사이의 천륜과 동기간의 우애의 소중함을 누구보다 중시한 인물로 유자보다 더 유자다웠다. 셋째, 진묵대사는 대도의 경지에서 천지만물과 하나가 된 우주적 기개를 지녀 모든 일을 자유자재로 할 수 있는 도술조화道術造化의 능력을 지닌 선인仙人이었다.

진묵대사는 뛰어난 도술조화의 능력을 발휘함으로써 조선 중기 고난과 슬픔으로 아롱진 눈물 많은 세상에서 오늘보다 더 나은 '문명조화文明造化의 삶'을 꿈꾸는 이들의 어두운 밤을 환하게 밝히는 찬란한 등불이었다. 진묵대사의 이런 문명조화의 이상이 증산도에서 아름다운 한 떨기 꽃으로 새롭게 피어나게 된다. 진묵대사는 증산도에서 부조리하고 불합리한 선천세상을 넘어서 기묘한 조화가 흘러넘치는 후천의 새 세상을 여는데 중요한 한 축을 담당한 인물로 부각된다.

차 례

1. 왜 진묵대사인가

진묵대사(1562~1633)는 조선 중기 명종 17년 임술년壬戌年에 만경萬頃의 불거촌佛居村에서 태어나 인조 11년 계유년癸酉年 10월 28일에 세상을 떠난 것으로 알려져 있다.[3] 고려 말 공민왕 때의 나옹懶翁대사와 더불어 석가모니 후신불로 높은 평가를 받고 있다.[4] 그렇다면 왜 진묵대사가 한국 불교사에서 위대한 선승의 한 사람으로 오늘날에 이르기까지 존경을 받고 있는 것일까?

진묵대사는 16세기 후반에서 17세기 중반의 굶주리고 헐벗은 조선 민중들에게 희망의 등불이었다. 그는 임진왜란과 병자호란 등의 참혹한 전란의 소용돌이 속에서 너무도 황폐해진 민중들의 삶을 치유하기 위해 온갖 노력을 기울이면서도 그 무엇에도 걸림이 없는 무애행無碍行을 자유자재로 실천하면서 유유히 떠도는 구름처럼 자유롭게 살았다. 창공을 자유로이 날아다니는 새에 양쪽 날개가 있고 땅위를 굴러다니는 수레에 두 바퀴가 있는 것처

---

3 이일영 편, 『진묵대사소전』(서울: 보림사, 1983), 20쪽.
4 이일영 편, 앞의 책, 121–122쪽.

럼, 불교에서 보살은 지혜와 자비라는 양 날개와 두 바퀴를 동시에 지니고 있다. 진묵대사는 지혜의 깨달음을 통해 온갖 번뇌와 속박으로부터 벗어나는 깨침의 자유를 얻고, 그 깨침의 자유를 가지고 중생을 구제하려는 한없는 자비를 현실사회에서 몸소 실천으로 옮겼다.

진묵대사는 참으로 오묘한 사람이었다. 세상사에 대해 초연하고 달관한 지혜로운 사람이면서도 천지만물에 대한 무한한 자비심을 지녔기 때문이다. 개인의 독자적인 삶을 실컷 향유한 해탈의 자유인이면서도 천지만물과 하나가 되어 중생과 생사고락生死苦樂을 함께하면서 보살행菩薩行을 실천한 구도자였다. 보살행이란 부처가 되기 위해서 자기와 남을 동시에 이롭게 하는 '자리이타自利利他'의 행위다. 중생과 일심동체一心同體가 되어 중생의 괴로움을 덜어서 없애주고 즐거움을 한껏 누리게 해주는 '발고여락拔苦與樂'의 행위다. 그러기에 진묵대사의 보살행은 뭇 생명과 인간의 삶 그 자체에 대한 열렬한 찬가다.

그러나 진묵대사는 단순히 불교의 승려로만 볼 수 없다. 진묵대사의 삶에는 불자와 유자와 도인의 모습이 중복되어 있다. 왜냐하면 진묵대사는 승려이되 승려 같지 않고, 유자이되 유자 같지 않으며, 도인이되 도인 같지 않은 절묘한 삶을 살았기 때문이다. 진묵대사는 한국불교사에서 유불선 삼교회통의 경지를 지닌 특이한 인물 가운데 한 사람이다. 그는 방내인方內人으로서 세속 한 가운데서 세상 사람들과 같이 부대끼며 살면서도 세상을 온전히 잊은 세상 밖의 사람인 방외인方外人이다. 세상 안에 있으면서도 세상 밖에 있고, 세상 밖에 있으면서도 세상 안에 있던 사람이 바로 진묵대사이다.

전라도 지역에서 조선 중기의 진묵대사와 조선 후기의 증산 상제는 조선 민중들의 열화와 같은 성원에 힘을 얻어 각기 '진묵 신앙'과 '증산 신앙'이 형성될 정도로 막강한 영향력을 지니고 있었다. 그렇다면 진묵대사와 증산 상제는 도대체 어떤 연관성을 맺고 있는 것일까?[5]

진묵대사의 자호는 진묵震默이고, 이름은 일옥一玉[6]이다. 증산

---

5 김방룡, 「증산교와 진묵대사」(한국신종교학회: 『신종교연구』 제4집, 2001), 138쪽.

6 이일영 편, 앞의 책, 30쪽. 진묵대사의 삶과 그 발자취를 알 수 있는 유일한 문헌자료는 초의草衣선사가 집필한 『진묵조사유적고』이다. 그런데 참으로 흥미로운 것은 『진묵조사유적고』를 발간하는데 결정적인 역할을 한 이들은 불자가 아니라 유학자라는 점이다. 진묵대사에 대해 전해내려 오는 여러 가지 자료를 오랫동안 수집하여 초의선사에게 집필을 의뢰한 것은 은고隱皐 김기종金箕鍾이라는 유학자이기 때문이다. 또한 김기종의 아들인 김영곤金永坤은 부친의 뜻을 이어받아 제산霽山 운고雲皐 스님에게 발문을 요청했을 뿐만 아니라 자신도 직접 발문을 쓰기도 하였다. 김영곤은 발문에서 자신의 부친이 진묵대사를 존경하고 진묵대사의 삶의 발자취를 세상에 전하려고 한 까닭은 진묵대사의 유자로서의 삶을 높이 평가했기 때문이라고 하였다. 당시 불교를 이단시하고 유교의 독존을 강조하던 시대에 불교의 승려였던 진묵대사를 존경하고 흠모하여 후대에까지 그 발자취를 남기고자 한 것은 진실로 특이한 일이라고 하겠다. 그리고 이일영의 『진묵대사소전』은 『진묵조사유적고』를 한글로

상제의 도호는 증산甑山이고, 이름은 일순一淳이며, 아명은 학봉鶴鳳이며, 자는 사옥士玉[7]이다. 진묵대사는 문명개화에 최선을 다한 '문명의 수호신'이자 '문명의 파수꾼'이었다. 그는 평생 동안 조화造化를 부리는 신통한 능력을 지니고서 온 천하를 크게 구제하고 문명화하려는 노력을 경주하였다. 증산 상제(1871~1909)는 진묵대사를 후천시대의 불교 종장宗長으로 임명한다.[8] 모든 생명이 제각기 자신의 뜻대로 살아가면서도 천지 안에 있는 온 생명들과 한 가족으로 조화調和를 이루며 살아가는 '천지일가天地一家' 또는 '천하일가天下一家'의 후천개벽의 신천지와 신문명을 열기 위해서다.

그런데 우리가 주목해야 할 사실은 진묵대사의 삶은 구체적인 사실의 기록이 아니라 설화의 형식으로 전해진다는 점이다. 설화는 민중이 향유하고 창작하는 민중의 문학이다. 당대의 현실을 반영한 민중들의 생각이나 기원, 희망, 원망, 고통 등을 이야기 형

번역하고 상세하게 풀이한 것이다. 〈황의동, 「진묵대사와 유교와의 대화」(『한국사상과 문화』: 한국사상문화학회, 2011), 329~330쪽.〉

7 증산도 도전편찬위원회, 『도전』(서울: 대원출판사, 2003), 64쪽. 아래에서 『도전』을 인용할 때에는 '『도전』(편: 장: 절)'의 형태로 약기함.

8 증산도에서 진묵대사는 후천세상의 사대종장의 한 사람이자 '칠성령七聖靈'의 한 일원으로 부각된다. '칠성령'은 후천세상의 사대종장인 기독교의 마테오 리치, 선교의 최수운, 불교의 진묵, 유교의 주회암과 더불어 후천세상의 이치를 밝힌 김일부, 후천세상을 열기 위한 동세개벽의 주역인 전봉준, 후천세상의 대인의 심법과 기개를 지닌 관성제군 등을 말한다.

식으로 풀어낸 '언어예술의 결정체'이다.[9] 진묵대사가 공식적인 저술이나 기록을 남기지 않은 사실로 미루어볼 때 여러 가지 종류의 진묵설화의 전승은 아주 이례적인 현상이라고 하지 않을 수 없다.[10] 중요한 것은 진묵설화에는 당대 민중들의 세계와 인간의 근원적 관계에 대한 진지한 탐색과 해명이 진묵대사의 기묘한 삶의 흔적과 함께 녹아 있다는 사실이다.

문제의 관건은 각기 서로 다른 관점과 시각을 지닌 다양한 종류의 진묵설화를 어떻게 처리할 것인가 하는 점이다. 우리는 설화의 형식으로 전해지는 진묵대사의 삶을 증산도 사상과의 연계성에 초점을 맞추어 재조명하려고 한다. 우리가 이 문제를 해명함에 있어 논거로 삼고자 하는 것은 크게 두 가지다. 하나는 지금까지 전승되고 있는 진묵대사에 관한 문헌설화와 구비설화이고, 다른 하나는 증산도의 『도전』이다.

우리는 아래에서 진묵대사의 생애와 사상을 통해 진묵대사가 후천세상의 조화문명造化文明을 구축하는 데 어떤 역할과 기여를 하고 있는가를 살펴보려고 한다.

---

9 김명선, 『진묵설화 연구』(서울: 보고사, 2007), 11쪽.
10 조용헌, 『사찰기행』(서울: 이가서, 2005), 80쪽.

조화造化

조화란 말이 고대 중국의 문헌에서 처음으로 등장하는 것은 『장자
莊子』「대종사大宗師」이다. 『장자』는 "이제 한결같이 천지를 큰 화로로 삼
고 조화를 큰 대장장으로 삼는다면. 어디에 간들 옳지 않으리오!(今一
以天地爲大罏, 以造化爲大冶, 惡乎往而不可!)"라고 하여, 천지를 만물의
본질을 뜻하는 화로로 삼고 조화를 만물의 작용을 뜻하는 대장장으로
간주한다. 여기서 『장자』가 말하는 조화는 자연의 저절로 그러한 창조
적 변화작용을 뜻한다. 서한 초의 가의賈誼(201~169)는 『복조부鵩鳥賦』
에서 『장자』의 조화사상을 계승하여 천지와 조화와 만물을 각기 화로
와 대장공과 구리에 비유한다. "대저 천지를 화로로 삼고 조화를 공인
으로 삼으며, 음양을 숯으로 삼고 만물을 구리로 삼는다. 합치하고 흩
어지며 사그러지고 자라나니, 어찌 일정한 준칙이 있겠는가? 천만가
지로 변화하여 애초에 한계가 있지 않도다!(且夫天地爲爐兮, 造化爲
工; 陰陽爲炭兮, 萬物爲銅. 合散消息兮, 安有常則? 千變萬化兮, 未始有
極!)" 가의에서 천지는 만물의 본질(體)이고, 조화는 만물의 작용(用)이
며, 만물은 만물의 모습(相)에 해당하기 때문에 삼자는 삼위일체적 구
조와 관계를 이루고 있다. 이후 중국에서 조화사상은 문학과 회화 등의
예술 분야에서 다채롭게 활용된다. 당대의 시 비평가인 사공도는 『이십
사시품二十四詩品』「진밀縝密」에서 "의미의 형상이 나오려 하니, 조화가 이
미 기묘하도다.(意象欲出, 造化已奇.)"라고 한다. 작가가 문학작품의 독
특한 의미의 형상을 창조하려고 할 때, 붓 끝에 이미 오묘한 조화작용

이 발출된다는 뜻이다. 당대의 산수화가 장조張璪는 "밖으로는 조화를 스승으로 삼고, 가운데로는 마음의 근원을 얻는다.(外師造化, 中得心源.)"라고 한다. 이 말은 중국 회화론의 강령이자 중국 미학의 핵심이론이라고 할 수 있다. 만물의 창조적 변화작용과 인간의 마음이 떨어질수 없는 밀접한 연관관계를 지니고 있다는 뜻이다. 청대의 대순사戴醇士는 "그림은 조화를 스승으로 삼는다. 무엇을 조화라고 하는가? 내 마음이 곧 조화이다.(畫以造化爲師. 何謂造化? 吾心卽造化耳.)"라고 하여, 사물의 조화 가운데 마음의 조화가 무엇보다 중요하다고 본다. 왜냐하면 우리의 마음이 모든 조화의 근원이기 때문이다.〈朱良志, 『中國美學十五講』(北京: 北京大學出版社, 2006), 41쪽.〉 그러나 한국에서 조화사상은 중국과는 달리 철학이나 예술의 분야에서 시작된 것이 아니라 처음부터 종교적인 차원에서 제시된다. 신교의 삼신사상을 담고 있는 『환단고기』에는 삼신─조화신造化神, 교화신敎化神, 치화신治化神─의 하나로 조화신이 등장한다. 조화신은 우주만물을 창조적으로 생성하고 변화시키는 역할을 담당한다. 이런 삼신의 조화사상이 오랫동안 빛을 보지 못하다가, 조선조 후기에서 이르러서 후천의 개벽사상과 맞물리면서 새롭게 조명된다. 여기서 우리가 주목해야 할 것은 조선 후기에 등장하는 조화사상은 이전의 조화사상과는 질적으로 그 차원을 달리한다는 사실이다. 그것은 19세기 조선조 후기의 정역과 동학과 증산도에서 말하는 조화사상은 선후천의 개벽사상을 전제로 하기 때문이다. 따라서 조선조 후기의 조화사상은 선천세상의 자연과 문명이 후천세상의 새로운 자연과 문명으로의 동시적 변화와 전환을 뜻한다는 점에서 특히 주목되어야 한다.

2. 진묵대사의 생애와 사상

1) 생애

역사에는 도력이 높은 고승이 많고 많다. 하지만 고승 가운데 진묵대사보다 더 신비하고 매력적인 인물도 찾아보기 어렵다. 위대한 사람의 생애엔 흔히 갖가지 전설과 일화가 뒤따르기 마련이다. 하물며 위로는 천문天文에 통달하고 아래로는 지리地理에 달통하여 불가사의한 신통력을 지닌 진정한 도인임에야 말해 무엇 하겠는가?[11]

진묵대사는 임진왜란, 정묘호란, 병자호란 등의 몇 차례에 걸친 전란으로 피폐할 대로 피폐해진 조선 민중들의 애달픈 삶을 신통한 조화력造化力으로 남모르게 보듬었다. 마치 인자하신 할머니가 귀여운 손자의 아픈 배를 정성껏 어루만지듯이 말이다. 진묵대사는 당시뿐만 아니라 수백 년이 지난 지금까지도 세상 사람들의

---

11 이일영 편, 앞의 책, 12쪽.

마음속에 석가모니의 화신으로 굳게 자리매김하고 있다. 전라도 지방에서는 특히 '진묵 신앙'으로 일컬어지는 신앙적 숭배대상으로 모셔지고 있다. '진묵 신앙'은 조선 중기 부패한 권력과 탐욕스런 지주로부터 가혹한 수탈과 억압을 당하여 헐벗고 굶주린 전라도 민중들의 아픈 마음을 풀어주고 달래주는 '상처 치유의 산물'이라고 할 수 있다.

진묵대사의 신비한 일화에 대한 확고한 믿음은 깊은 절망의 수렁과 나락에 빠져 허우적대던 조선 민초들의 삶의 위안이자 출구였다. 이는 동학혁명이 실패로 돌아간 뒤, 전라도 지역을 중심으로 '증산 신앙'이 들불처럼 일어난 것과 같은 맥락에서 이해해야 할 것이다.[12] '진묵 신앙'과 '증산 신앙'은 각기 조선 중기와 후기에 칠흑같이 어두운 이 땅에서 갈 곳 몰라 헤매는 조선 민초들의 버팀목이 되어 주었다. 그렇다면 진묵대사의 삶은 도대체 어떤 의미가 있는 것일까?

(1) 신비로운 삶의 발자취

진묵대사의 삶에 관한 구체적인 역사적 전거자료는 찾아보기 어렵다. 의순意恂(1786~1866) 초의선사草衣禪師가 『진묵조사유적고』에서 말하는 것처럼, 중생을 제도한 진묵대사의 기묘한 인연

---

12 조용헌, 앞의 책, 87쪽.

과 꽃다운 발자취에 대해서는 전하는 기록이 없으므로 자세히 알기 어렵다. 설사 남겨진 기록이 있다고 할지라도 이는 어디까지나 세속제世俗諦의 차원에서 방편적으로 설법한 것으로 허공의 꽃이요 허깨비와 같은 자취에 지나지 않는 것이기 때문에 역사적 사실을 밝히는데 아무런 도움이 되지 않는다.[13]

진묵대사 영정
…대원사 칠성각에 봉안된 영정.

진묵대사는 저서를 남기지 않았다. 한편의 제문祭文과 두 편의 게송偈頌이 남아 있을 뿐이다. 그것조차도 남의 입과 손을 빌어 세상에 알려진 것이다. 그의 생애와 사상은 대부분 구비설화나 문헌설화의 형식으로 전해질 뿐이다. 진묵대사에 대한 최초의 문헌자료는 진묵대사가 죽은 뒤 214년이 지난 후인 1847년에 초의선사가 그

---

13 이일영 편, 앞의 책, 30쪽.

에 관해 전해져 내려오는 구비설화의 내용을 모아 편찬한 『진묵조사유적고』이다. 또한 범해梵海가 편찬한 『동사열전東師史傳』과 지원芝園 조수삼趙秀三의 『영당중수기影堂重修記』 등에도 진묵대사에 관한 기록이 남아 있다.[14]

진묵대사는 어쩌면 따로 저서를 남길 필요가 전혀 없었을 지도 모른다. 천지만물과 한몸이 된 우주적 경지에서 그 무엇에도 걸림이 없이 자유자재로 살면서 온몸으로 모든 것과 더불어 소통하고 대화하였을 것이니, 무슨 말을 새삼 따로 할 필요가 있겠는가? 진묵대사에 관한 이야기가 설화의 양식으로만 남아 있는 이유가 바로 여기에 있을 지도 모른다.

초의선사는 『진묵조사유적고』 발문에서 말로 말할 수 없는 불법佛法을 말을 넘어선 말로 설하는 진묵대사의 오묘한 설법說法의 방식을 이렇게 설명한다.

지금 여기 기록한 것은 특히 보고 들은 것들 중에서 드러난 것으로 길거리 사람들의 귀와 눈에도 오르내린 말의 자취이다. 그러므로 명운冥運이 드러나기 이전에 간직하고 현기玄機를 한계 없는 데서 운용하며 도와 사물의 극치를 궁구하고 언어와 침묵으로 적을 수 없는 경지에 이르러서는 나도 또한 듣지 못하였다. 어찌 나만 듣지 못했겠는가? 당시 제자로서 총채를 잡고 항상 금사자 곁에서 모

---

14 김방룡, 「설화를 통해 본 진묵 일옥의 삶과 사상」(『한국불교학』 제44집), 315-316쪽.

시는 자들 또한 듣지 못했을 것이다. 들을 수 없을 뿐만 아니라 대사 또한 말하지 않았을 것이다. 말하지 않고 들을 수 없는 것이 일찍이 참으로 말한 것이요 참으로 들을 수 있는 것이다. 참된 설법은 말 없는 데서 말하는 것이니, 말 없는 설법을 성대하게 항상 말하여 그 설법이 끊어짐이 없다. 참된 들음은 소리 없는 데서 듣는 것이니, 소리 없음의 들음은 응연히 항상 듣되 그 들음은 끊어짐이 없다. 그렇다면 대사는 항상 고요하고 빛나는 가운데서 말하지 않는 때가 없고, 중생은 비로계毘盧界 안에서 듣지 않는 때가 없다. 그러나 말을 버리고 설법을 구하며, 소리를 떠나서 들음을 구하는 것은 도리어 옳지 않다. 대개 말에 나아가서 뜻을 얻으면 말을 잊는 것이니, 말마다 참된 설법이다. 소리에 나아가서 뜻을 알면 소리를 잊는 것이니, 소리마다 참된 들음이다. 이로 미루어 본다면, 앞에 기록한 열일곱 가지 말의 자취는 하나하나가 모두 언어와 침묵을 떠난 도리이니, 하나라도 우리 대사의 참된 설법이 아님이 없다. 대사의 설법은 불도에서 멀지 않으니, 이것을 오늘에서 기록하지 않을 수 없다.[15]

---

15 『진묵대사소전』, 115-116쪽. "今之所錄,, 特其顯於見聞, 而塗人耳目之言跡也. 若其藏冥運於未形, 斡玄機於無際, 窮道物之極致, 離言默之所載者, 余又不可得而聞之矣. 豈惟余之不聞? 當時弟子, 親執玉塵之尾, 常侍金獅之側, 亦莫得而聞焉. 不惟聞之不得, 師亦說之不行. 說不行聞不得, 早是眞說眞聞, 眞說說於無言, 無言之說, 燦然常說, 而說無間斷. 眞聞聞於無聲, 無聲之聞, 凝然常聞, 而聞無間斷. 然則師於常寂光中, 無有不說之時. 人在毘盧界內, 無有不聞之時. 然若離言而求說, 離聲而求聞, 又却不是. 蓋卽言而得意忘言, 言言眞說; 卽聲而會意忘聲, 聲聲眞聞. 由是觀之, 則向所記, 一十七側之言蹟, 一一皆具離言默之道理, 無一而非吾師之眞說. 師之說, 在佛之道不遠矣, 是不能無記於今日也." 원문 번역은 논자가 이일영의 번역을 참조하여 부분적으로 수정한 것이다.

20 증산도상생문화총서 20

진묵대사는 조선 명종 17년 임술년(1562)에 전라북도 김제군 만경면 불거촌에서 어머니 조의씨調意氏에게서 태어났다. 어려서 부친을 여의고 어려운 환경에서 자랐기에 그의 성이나 집안의 내력조차도 자세히 알 길이 없다. 그런데도 초의선사의『진묵조사유적고』에서 진묵대사의 어머니의 이름을 조의씨라고 구체적으로 거명한 것은 무엇에 근거한 것일까? 그것은 아마도『비화경悲華經』을 인용하여 진묵대사가 부처의 화신이란 점을 은연중 암시하기 위한 것으로 보인다. 그 이유는『비화경』에 나오는 '바다의 신' (해신海神)인 대비보살의 어머니가 바로 조의씨이기 때문이다.[16]

대사가 태어날 때 불거촌의 초목이 3년 동안이나 시들어서 말라 죽었으므로 사람들은 모두'불세출의 기운을 타고났다.'고 말하였다. 태어나서 냄새나는 채소와 비린내 나는 것을 좋아하지 않았으며 성품은 지혜롭고 마음은 자비로웠다. 그래서 불거촌에 부처가 태어났다고들 하였다.[17]

진묵대사의 탄생에는 놀라운 일화가 있다. 진묵대사가 태어날 때 3년 동안이나 초목이 시들어 말라 죽는 기이한 현상이 벌어졌기 때문이다. 이는 진묵대사가 태어날 때부터 비범한 인물이었음을 상징적으로 보여주는 것이다. 그렇다면 진묵대사는 언제 불문

---

16 이일영 편, 앞의 책, 97쪽.

17 『진묵대사소전』, 107쪽. "大師生時, 佛居草木, 三年萎枯, 人咸曰: '間氣而生也.'生而不喜葷腥, 性慧心慈悲故, 又曰: '佛居生佛也.'"

佛門에 귀의한 것일까?

> 대사는 나이 일곱 살에 출가하여 전주의 봉서사에서 내전을 읽었
> 는데, 어려서부터 슬기롭고 영특하여 스승의 가르침을 받지 않고
> 서도 현묘한 이치를 환하게 알았다.[18]

여기서 '내전內典'은 다른 종교의 경전인 외전外典과 대비되는
불교의 경전을 말한다. 진묵대사는 일곱 살이라는 어린 나이에
전주의 봉서사鳳棲寺로 출가했다. 봉서사는 상서로운 새(서조瑞鳥)
인 봉황이 머무는 절이란 뜻을 담고 있는데, 바위산(암산巖山)인
서방산西方山에 자리하고 있다. 서방산은 불가의 이상향인 서방정
土西方淨土의 이상낙원을 뜻한다. 진묵대사가 나이 일곱 살에 봉
서사로 보내진 것은 아마도 애옥살림에 먹고 살길이 없어 한 입이
라도 줄이기 위한 고육책일 가능성도 배제할 수 없다. 아무튼 진
묵대사는 어릴 때부터 매우 영특한 사람이었다. 출가하여 불교의
경전을 읽을 적엔 너무도 총명하여 스승의 가르침을 따로 받지 않
고서도 불법의 현묘한 이치를 스스로 터득하였다고 한다.

전북 김제 만경에서 갯가를 향하여 약 육키로쯤 가면 화포火浦라
는 마을이 있으니 이곳에서 바로 진묵대사가 탄생하였고, 또한 대
사의 모친 묘소가 있다. 화포라는 이름은 진묵대사가 고승으로서

---

18 『진묵대사소전』, 43쪽. "先師年七歲出家, 讀內典於全州之鳳棲寺, 夙慧英
達, 不由師教, 明核重玄."

크게 이름을 떨쳤을 때 지어진 마을 이름이라고 전해져 오고 있으나 화포가 '火자와는 아무런 인연이 없는 곳이다. 다만 불거촌佛居村이라는 불佛자의 소리를 뜻으로 바꾸어 화火자를 붙이고, 거居자는 개(浦)와 같은 뜻이라 하여 포浦자를 붙여서 불거가 불개로, 불개가 화포로 되었다는 것이니 불거촌은 바로 석가여래의 화신으로 추앙되는 진묵대사의 탄생을 상징하는 이름이다.[19]

진묵대사의 출생지는 묘하게도 불거촌佛居村이다. 불거촌은 말 그대로 부처가 사는 마을이라는 뜻이니, 부처의 화신으로 존숭을 받는 진묵대사의 탄생을 상징하는 것이다. 진묵대사가 태어난 불거촌의 집

서방산 전경

19 이일영 편, 앞의 책, 151쪽.

은 조앙산 자락의 산도 들도 아닌 '비산비야非山非野'의 나지막한 구릉에 자리 잡고 있었다고 한다. 이는 진묵대사의 삶이 초속超俗도 세속世俗도 아닌 '비승비속非僧非俗'의 중도적인 것임을 미리 예시하는 것은 아닐까?

(2) 김봉곡과의 교유

진묵대사가 어떻게 죽었는가 하는 것을 알기 위해서는 무엇보다 먼저 진묵대사와 봉곡鳳谷 김동준金東準 (1575~1661)과의 교유관계가 어떻게 이루어졌는가를 알아

봉서사 전경.
이곳에 진묵대사와 대사의 어머니, 두분의 영정이 함께 모셔져 있다.

보아야 한다. 왜냐하면 진묵대사의 죽음이 김봉곡과 매우 밀접한 연관성 있다고 보는 견해가 구비설화로 전해지기 때문이다.

진묵대사는 학문과 종교의 개방성과 소통성을 누구보다 중시한 인물이다.[20] 김동준은 자는 이식이고 호는 봉곡이며 본관은 광산이다. 서인의 영수領袖 격으로 예학禮學에 능통했던 사계沙溪 김장생金長生(1548~1631)의 제자로서 그의 추천을 받아 의금부도사義禁府都事와 사헌부감찰司憲府監察 등을 제수 받았다. 그는『계몽도설啓蒙圖說』,『심성서언心性緒言』,『대례부집록戴禮裒集錄』 등의 성리학에 관한 저술을 남길 정도로 성리학적 지식이 뛰어난 인물이었다.

『호남절의록湖南節義錄』에는 김봉곡에 대한 다음과 같은 기록이 남아 있다.

> 자는 이식. 호는 봉곡. 본관은 광산. 고려조의 시중 문정공 태현의 후손이고 생원 희지의 아들이다. 신조 8년(1575)에 태어났다. 19살에 비로소 독서를 시작해 성리학 공부에 전념했다. 사계 김장생·석계 최명룡·태천 김지수·백석 유즙에게 수학했고 정학을 강구하여 세상의 사종師宗이 되었다. 광해군 9년(1617) 사마시에 합격하였다. 그 때 서궁(인목대비)에게 사은謝恩하는 예가 없었는데 수옹 송갑조와 공만이 홀로 행했다. 이이첨의 무리들이 미워하여 공

20 정륜, 「미래문명의 이념, 상생의 큰 그릇-새만금 지역의 불교문화」(『개벽과 상생의 문화지대 새만금 문화권』, 정보와 사람, 2006), 268쪽.

과 조평을 무고하려 했는데, 공이 미리 옥사가 있을 것을 알고 자수했다. 유즙 등이 서울로 올라와 신원伸寃을 청해 마침내 풀려났다. 인조 1년(1623)에 모후를 복위시키라는 의론을 일으켜 뜻을 같이 하는 여러 선비들과 소를 지어 올리려 서울로 들어가려는 때에 이미 반정이 일어났다. 사계 문원공 김장생이 공을 추천하여 특별히 금부도사를 제수 받았다. 다시 옮겨 한성참군을 제수 받았는데 자취를 감추고 요로를 지킴에 사람들이 그의 얼굴을 보지 못했다. 병자란(1636)이 일어나자 감찰로서 호가扈駕하여 남한산상으로 들어가 김반 등과 화의론을 크게 배척했는데 말이 매우 간절하였다. 상소문을 지었으나 올리기도 전에 화의和議가 이미 이루어짐에 비분을 이기지 못하고 곧바로 남한산성에서 나와 험한 길을 걸어 집으로 돌아왔다.…… 이후 세상일을 끊고 스스로 숨어『계몽도설』『심성서언』『대례부집록』등의 책을 저술했다. 인봉사에 배향되었는데 그 배향하는 글에 '한겨울에 잣나무가 곧고 질풍 속에 풀이 꼿꼿하네.'라고 했으며, 또 '남방의 도를 일으켰으며 천川을 막아 동쪽으로 이르게 하네.'라고 하였다. 우암 송시열이 묘지와 묘갈을 지었다.[21]

또한 송시열宋時烈(1607~1689)은『송자대전宋子大全』「감찰김공묘갈명병서監察金公墓碣銘幷序」에서 김봉곡에 대해 다음과 같이 소개하고 있다.

---

21 김동수 역,『호남절의록』(서울: 경인문화사, 2010), 412-413쪽.

문원공 사계 선생이 동남에서 도학을 주창하니 학자가 많이 따랐다. 그 중에서도 가장 가깝고 또 오래된 자로는 김공이라 하였으니, 휘는 동준이요, 자는 이식이다. 광해조 때를 당하여 동기간을 죽이고 모후를 내쫓아 유폐시켰는데, 순종한 자는 현달하여 영화로웠고, 헐뜯는 자는 죽거나 귀양을 갔다. 공은 그 때에 전주에 있었는데, 향인들이 이웃을 이끌고 당국에 소를 올리며 따라 붙어 대중에게 호령하기를, '따르지 않는 자는 죽이리라'고 하였다. 공은 꿋꿋이 움직이지 않고 말하기를, '나에게는 죽음이 있을 뿐이라'고 하였다. 그 때에 공과 뜻을 같이 한 사람은 최석계 명룡과 유백석 즙의 부자였으니, 모두 사계의 문하이다. 대체로 집안에서나 그 고을에서 한 일은 모두 스승에게 아뢰고, 물러 나와서는 또 스스로 참조하고 고증하여 오직 옳다고 해야만 이에 따랐다. 그러므로 그 때에는 앞으로 벼슬을 주겠다고 유혹도 하고, 뒤에서는 위협과 해칠 마음으로 겁을 주어도 마을 사람들이 난정을 좇지 않는 자가 매우 많았다. 인조가 반정하고 문원공을 등용하니 공을 천거하여 의금부도사, 사헌부감찰, 한성판관을 제수하였다. 마을사람으로 난정에 앞장서고 비열하게 매달린 자는 그 경중에 있어서 모두 관리들의 의논에 따랐다. 공과 뜻을 같이 한 자와 견주어 보면 영화롭고 욕됨이 너무 현수하였으니, 향인들이 그 정의를 사모함이 더욱 돈독하고 공을 덕스럽게 여김이 더욱 깊었다. 병자호란 때에는 서울에서 남한산성까지 호종하였고, 적병이 물러간 뒤에 지평, 현감 및 사부에 제수되었으나 다 부임하지 않고 일찍이 상운도찰방이 되었으나 1년 만에 해직되었다. 숭정 신축(1661)년에 나이 87세로 8월 3일 집에서 돌아가셨다.……나도 일찍이 사계의 문하에 출입, 욕되게도 동문의 열에 끼인지라 지난 일을 생각하며 얼굴을 비명을 쓰다. 명에 이르되. '선비가 스승에게 배울 때는/ 다만 입과 귀에 의뢰했으니/ 근본이 없는 것을/ 옛 사람은 부끄럽게 여겼다./ 누가 저 공처럼/ 한결같이 내 몸에 돌이키리오/ 의리는 집과 나라에 드러나고/ 행실은 향리에 도타왔다/ 이름은 헛되이 서는 것이 아니라/ 선비들이 어찌 부질없이 따르리오/ 명과 사를 쓰지 않더라도 / 공은 스스로 썩지 않으리라.'[22]

김봉곡에 대한 위의 두 자료는 모두 진묵대사와 김봉곡 사이의 교유내용에 대해 전혀 언급하고 있지 않다. 당시 불교를 금기시했던 시대적 여건을 감안할 때, 사대부인 김봉곡과 승려인 진묵대사와의 교유를 언급하지 않은 것은 어쩌면 너무도 당연한 일이라고 할 수 있다.[23]

그러나 김영곤金永坤은 「진묵조사유사발」에서 김봉곡의 일기를 인용하면서 진묵대사와 김봉곡 사이의 교유관계를 이렇게 소개한다.

봉곡 김선생의 일기를 살펴보았더니, 거기에 '일옥 선사가 돌아가셨다고 한다. 이 스님은 이름이 스님이지 행실은 유자였다. 슬픔을 이길 수 없다.'고 하였다. 대사가 교유한 바는 유현儒賢을 기필한

---

22 이일영 편, 앞의 책, 183–186쪽.
23 황의동, 앞의 글, 329쪽.

것이요, 선생이 슬퍼한 것은 대사의 유자다운 행실 때문임을 알 수 있다.[24]

김기종金箕鍾은 「진묵조사유적고서」에서 "선생이 살던 곳에서 5리 쯤 되는 곳에 봉서사라는 절이 있으니, 바로 진묵대사가 머물던 곳이다. 산봉우리는 빼어나고 계곡은 시원하고 맑아서 완연히 저 호계와 영문의 명승지와 같았다. 서로 왕래하며 침식을 같이 하던 사이였으니 곧 방외의 사귐이라 할 것이다."[25]라고 하여, 진묵대사와 김봉곡 사이의 교유관계를 세속을 초월한 '방외우方外友'로 평가한다.

조선시대 명망이 높은 사대부가 천민 취급을 받았던 승려와 교유를 했다는 것은 참으로 놀라운 일이다. 진묵대사가 당시의 유학자들 사이에서 어떤 평판을 받고 있던 인물인가 하는 것을 미루어 짐작하게 하는 대목이다. 진묵대사와 유학자 김봉곡 사이의 『성리대전』에 얽힌 일화는 진묵대사의 인품이나 학덕이 어떠했을까 하는 점을 잘 보여준다. 증산도의 『도전』은 두 사람에 얽힌 일화를 이렇게 설명한다.

전주 서방산西方山 봉서사鳳棲寺 아래에 계실 때 하루는 성도들에

---

24 『진묵대사소전』, 131쪽. "鳳谷金先生日記有曰: '聞玉師化去云, 此僧墨名而儒行, 不勝慟悼.' 是知大師之所交遊, 必於儒賢, 而先生之慟悼, 以其儒行也故."
25 『진묵대사소전』, 19쪽. "先生所居之五里許, 有曰鳳棲寺, 卽師住錫處, 而岡巒秀異, 溪谷爽明, 宛然若虎溪龍門之勝也. 相與往來, 爭席爭寵, 爲方外之交矣."

게 말씀하시기를 "김봉곡金鳳谷이 시기심이 많더니 하루는 진묵 震默이 봉곡에게서 성리대전性理大全을 빌려 가면서 봉곡이 곧 후회하여 찾아올 줄 알고 걸어가면서 한 권씩 보고는 길가에 버려 봉서사 산문山門 어귀에 이르기까지 다 보고 버렸느니라. 봉곡이 책을 빌려 준 뒤에 곧 뉘우쳐 생각하기를 '진묵은 불법을 통한 자인데 만일 유도儒道까지 정통하면 대적하지 못하게 될 것이요, 또 불법이 크게 흥왕하여지고 유교가 쇠퇴하여지리라.'하고 급히 사람을 보내어 그 책을 도로 찾아오게 하니, 그 사람이 뒤쫓아 가면서 길가에 이따금 버려진 책을 거두어 왔느니라. 그 뒤에 진묵이 봉곡에게 가니 봉곡이 빌려간 책을 돌려달라고 하거늘 진묵이 '그 책은 쓸데없는 것이므로 다 버렸노라.'하고 외우는데 한 글자도 틀리지 아니하였느니라.(『도전』4:138:1-8)

진묵대사는 기억력이 뛰어난 인물로 알려지고 있다. 한 번 본 책은 한 글자도 틀리지 않고 달달 외울 수 있을 정도였다고 전해진다. 진묵대사는 유학자인 김봉곡에게 『성리대전』을 빌려 뜻을 다 통한 뒤에는 『성리대전』을 더 이상 아무 짝에도 쓸모가 없는 것이라 여기고 책에 집착하는 김봉곡의 아집과 독선을 질책한다. 그 이유는 어디에 있는가?

대사는 일찍이 선생에게 『강목』을 빌려서 바랑 속에 넣어 스스로 지고 온 일이 있었다. 선생은 사람을 시켜서 뒤따라 가 살펴보게 하였다. 대사는 걸어가면서 펴 보고서 한 권을 다 보면 땅에 버리고, 또 한 권을 빼내어 손으로 펼쳐 보고 땅에 버림이 이와 같았다. 절에 이르자 모두 버리고, 뒤도 돌아보지 않고 들어 가버렸다. 다른 날에, 선생이 대사에게 물었다. '책을 빌려보고 땅에 버리는 것은 무엇 때문이오?' 대사가 말하였다. '고기를 잡으면 통발은 잊어버리시오.'[26]

여기서 진묵대사가 김봉곡에게 빌려 읽었다는 『강목』은 남송의 주희(1130~1200)가 사마광의 『자치통감資治通鑑』을 간추려 59권으로 편찬한 『통감강목(자치통감강목)』을 말한다. 본래 편년체의 역사서를 주자가 춘추필법에 의거하여 강목으로 나누어 쓴 책이다. 그런데 『동사열전』에서는 『강목』을 『주자강목』이라 보고 있다.[27]

위의 인용문에서 "고기를 잡으면 통발은 잊어버리라"는 말은 『장자莊子』「외물外物」에 나오는 말이다. '득어망전得魚忘筌'이 바로 그것이다.

통발은 물고기를 잡기 위한 것이니, 물고기를 잡고 나면 통발은 잊어야 한다. 올가미는 토끼를 잡기 위한 것이니, 토끼를 잡고 나면 올가미는 잊어야 한다. 말은 뜻을 얻기 위한 것이니, 뜻을 얻고 나면 말은 잊어야 한다. 내가 어찌하면 저 말을 잊은 사람을 만나 그

---

26 『진묵대사소전』, 65쪽. "嘗從先生借綱目貯鉢囊, 自擔而行. 先生使人隨後覘之. 行且披閱, 手一卷看了抛地, 又拔一卷手之抛之如是. 至寺門盡抛, 不顧而入. 他日, 先生謂師曰: '借書而抛於地, 何也?'師曰: '得魚者忘筌.'"

27 황의동, 앞의 글, 326쪽.

와 더불어 말을 나눌 수 있으랴![28]

통발은 고기를 잡기 위한 것이고, 올가미는 토끼를 잡기 위한 것이며, 뗏목은 강을 건너기 위한 것이며, 손가락은 달을 가리키기 위한 것이다. 고기를 잡고서도 통발에 집착하고, 토끼를 잡고도 올가미에 집착하며, 강을 건너고서도 뗏목에 집착하며, 달을 가리키고서도 손가락에 집착해서는 안 된다. 방편에 집착하다 보면, 문제의 본질과 핵심을 망각하기 쉽기 때문이다. 말을 해서 뜻을 얻으면 말은 잊어도 되고, 책을 읽어 뜻을 얻으면 책은 잊어도 된다.『장자』는 말을 잊은 사람과 더불어 말을 할 수 있는 '득의망언得意忘言'의 경지를 제시한다. 득의망언의 경지란 말의 한계에 얽매임이 없이 온몸으로 체득한 주객일체의 참된 진리를 자유롭게 말할 수 있는 경지를 말한다.

진묵대사는 언어를 통해서 언어를 넘어서는 오묘한 경지를 온몸으로 체득하였다. 그는 배를 타고 강물을 건너고 난 뒤에도 배에만 집착하고, 손가락으로 달을 가리키는데 달은 보지 않고 손가락 끝만 바라보는 봉곡의 어리석은 행위를 비판한다. 사람이 걸어가야 하는 참된 길이 어디에 있는가를 반추하게 한다. 진정한 구도자라면 어떤 학파의 이념에도 얽매이지 않고 참 자유를 얻어

---

28 郭慶藩集釋,『莊子集釋』(北京: 中華書局, 1985), 944쪽. "筌者所以在魚, 得魚而忘筌; 蹄者所以在兔, 得兔而忘蹄; 言者所以在意, 得意而忘言. 吾安得夫忘言之人而與之言哉!"

야 한다.

그런데 진묵대사와 김봉곡 사이의 일화에 등장하는 책에 대해
『도전』과 『진묵조사유적고』의 관점이 서로 다르다. 『진묵조사유
적고』에서는 위의 일화에 나오는 책을 『강목綱目』이라고 보고,
『도전』은 『성리대전』으로 보기 때문이다. 흥미로운 것은 황의동
이 지원 조수삼이 쓴 『영중당중수기』에 나오는 『강목』 '70책冊'
이라는 사실에 근거하여 진묵대사가 김봉곡에 빌려본 책이 『성리
대전』일 가능성이 높다고 추정한다는 사실이다. 왜냐하면 『성리
대전』은 70책으로 이루어져 있고, 『강목』은 59권으로 되어 있기
때문이다.[29]

또한 진묵대사와 김봉곡의 '방외우方外友'의 관계에 대해서도
상반되는 두 견해가 있다. 문헌설화에서는 두 사람의 교유관계를
우호적인 것으로 보는 데 반하여, 민간에서 전승되고 있는 구비설
화에서는 대립과 반목의 관계로 본다. 그렇다면 왜 민간설화에서
는 김봉곡을 시기심과 질투심이 몹시 강하여 자기보다 학덕이 더
뛰어난 진묵대사를 해코지한 인물로 묘사하는 것일까?

민간의 구비설화에서 두 사람의 교유관계를 갈등관계로 표면
화시킨 것은 경직된 유교사회에서 진묵대사와 같이 능력이나 실
력 면에서 월등하게 앞서 있는 인물이 배제되고 있는 것에 대한

---

29 황의동, 앞의 글, 326-327쪽.

민중들의 불만과 비판을 반영한 것이다. 즉 "훌륭한 도력을 지닌 진묵이 현실에서 유용하게 쓰이지 않고 배척되고 있는 상황을 비판하고 있으며, 한편 경직된 유가적 질서 속에서 봉곡의 무능과 권위가 강자로서 군림하고 있는 세계를 비판하고 있는 것이다."[30]

(3) 죽음에 얽힌 비화

진묵대사의 삶과 죽음에 얽힌 이야기는 진묵대사의 신비로운 행적과 이적으로 인하여 그 당시뿐만 아니라 오늘에 이르기까지 여전히 풀리지 않는 미스테리로 남아 있다. 진묵대사의 죽음에 관한 기록도 진묵대사와 김봉곡 사이의 교유관계와 마찬가지로 두 가지 서로 다른 견해가 있다. 하나는 초의선사가 지은 『진묵선사유적고』의 논점이고, 다른 하나는 한국학 중앙연구원에서 편찬한 『한국구비문화대계』의 논점이다.

진묵대사는 봉서사에서 출가하여 송광사, 위봉사, 대원사, 태고사, 월명암 등의 도량을 두루 돌아다니며 운수행각과 수도생활을 하였다.[31] 『진묵조사유적고』는 진묵대사가 말년에 처음으로 출가했던 봉서사로 돌아가 그곳에서 인조 12년 계유년(1633) 10월 28일에 세수世壽 72세, 법랍法臘 52세로 편안히 입적했다고 본다. 우리는 다음의 인용문을 통해서 진묵대사의 임종 장면을 살펴볼

---

30 김명선, 앞의 책, 203쪽.
31 김명선, 앞의 책, 26쪽.

수 있다.

대사가 곧 지팡이를 메고 방으로 들어가 가부좌를 틀고 앉아서 제자들을 불러놓고 하였다. '내가 장차 가려하니 너희들이 물을 것이 있으면 물어보아라.' 이에 제자가 말하였다. '스님이 가시고 백년 뒤에 종 승은 누가 이을까요?' 대사가 오래도록 잠자코 있다 가 말하였다. '종승이 어디에 있겠는가?' 제자가 거

봉서사에 봉안된 진묵대사 부도

듭하여 가르침을 청하니, 대사 가 마지못하여 말하였다. '명리 승이기는 하지만 휴정에게 붙여 두라.' 마침내 편안히 입적하였 다. 세수는 72세요, 법랍은 52세 이니 곧 계유년(1632) 12월 28일 이다.[32]

진묵대사는 죽음에 임박해서 제자들이 법맥계승의 문제를 제 기했을 때, 깨침의 세계에 법통이 무슨 필요가 있겠느냐고 반문하

---

32 『진묵대사소전』, 81쪽. "遂負仗入室, 疊足加趺而坐, 召謂弟子曰: '吾將逝 矣, 恣汝所問.' 弟子曰: '和尙百歲後, 宗乘嗣誰?'師默然良久曰: '何宗乘之有?' 弟子再乞垂示, 師不得已而言曰: '名利僧也, 且屬靜老長.'遂怡然順寂, 世壽 七十二, 法臘五十二, 卽癸酉十月二十八日也."

면서도 정 법맥을 잇고 싶다면 당대의 명리승인 휴정 서산대사에게 붙이라고 하였다. 법맥승계에서 휴정에게 맥을 대라고 한 것은 서산대사를 당대의 고승 대덕으로 인정한다는 것을 뜻한다. 하지만 진묵대사는 정통성의 시비문제나 제도권 불교의 이해타산에 대해 부정적인 인식과 비판적인 태도를 갖고 있었다. 이는 당시 조선불교가 당시 정권에 의해 극도의 탄압과 억압을 받고 있고 민중들의 삶이 극도로 피폐한 극단적 한계상황에서 법맥계승이 무슨 의미가 있겠냐는 말이다. 그러면서 진묵대사는 사바세계의 모든 것을 다 내려놓고서 조용히 열반에 들었다는 것이다.

그러나『한국구비문화대계』는『진묵선사유적고』와는 전혀 다른 진묵대사의 죽음에 얽힌 비화를 싣고 있다. 진묵대사의 도술 조화의 능력을 시기하고 질투한 유학자 김봉곡에 의해 참혹하게 죽었다는 것이다.

[조사자: 최내옥 김호선] 그리고 또 진목대사에 대한 아는 얘기는 그 김봉곡金鳳谷이라는 유명한 양반이 살고 있었는데, 그 김봉곡하고 대립이 되었었다는 얘기가 있습니다. 근데 그 김봉곡이로 말하면 얼마나 그 양반으로써 세도가 좋고, 또 스님하고 대립이 되었던지 서로 안 질려고 그래요. 재주가 서로 비상하기 유명한 사람들이예요. 그래가지고 대립이 되었는데 진목대사가 이루고자 하는 일이 무엇인고 하면 그 팔만대장경이라고 하는 경문을, 지금 말하자면 시천 서역국 중국 서역 지방 이라는데 있다고 하니까, 우리

나라로 가지고 올라고 계획을 하고 지금 모든 계획을 세우고 있었어요. 그런데 자기들 밑에 있는 말하자면 상좌가 있잖아요. 말하자면 작은 스님들이지. 그런 스님들을 보고 말하기를, "내가 지금 서천 서역국으로 팔만대장경을 가지러 갈 테니, 너희들이 나의 비밀을 지켜달라." 이렇게 부탁을 했어요. 그런데, "내가 지금 자는 방을 열어 주지 말고, 시체 같이 내 몸이 누워있다 하드래도 그 시체를 치우지 말고 내가 살아날 때까지 그대로 있어라." 이렇게 말을 전해놨어요. 그래서 인자 아래에 있는 스님들이 그것을 지키고 있었어요. 그런데 그분은 뭐냐하면 도술을 부려 가지고 자기 몸의 신체는 방에 놔두고 말하자면 혼만 날러서 서천 서역국으로 가는 거요. 갔는데 가서 인자 그 거시기를 다 암기 해 가지고 왔어요. 팔만대장경을, 그 내용을. 그래서 인자 오는 도중인데 진목이, 아니 봉곡이라는 이가 나타나지 않거든, 별로 그러니까 추궁을 했어요. 밑에 중들 보고, 아 진목대사 좀 만나야 되겠다고, 그러니까 진목대사 지금 안 계시다고 안 된다고, 지금 방에 있는데도 나를 지금 면회 안시키는 것이니까 내가 기어이 봐야겠다고. 말하자면 강요를 해 가지고는 문을 따고 들어가 보니까. 아주 사람이 죽어 있어요. 시체가 있다 이말이요. "아 주인이 죽으면 화장을 해야 되는데 이렇게 방에다만 시체를 놔두는 것은 법이 아니다." 그래가지고 끌어내다가 그만 강제로 소각을 시켜 버렸어요. 해 가지고는 화장을 시켜 버렸읍니다. 아 그러고는 시체는 타 버렸죠. 타버렸는데 막 돌아와서 보니까 아, 시체가 타버리고 있으니 혼이 붙을 수가 있어야지. 아 그래가지고 그냥 진목대사께서 죽어버렸어요. 봉곡 때문에 죽어버리고는 공중에서 외는 소리가, "이 팔만대장경을 이렇게 가지고 왔으니 팔만대장경이나 베껴라." 그러고는 공중에서 외었어요. 외는 것을 밑의 스님들이 기록을 해 가지고는 팔만대장경을 전부 다 기록을 했다는 그런 이야기가 있는데, 또 혼이 말하자면 진묵대사 혼이 보복을 했어요. 김봉곡에게 어떻게 보복을 했는가 하면은, "니가 나에게 대해서 이와같은 피해를 입혔으니, 내가 거져 있을 수 없어 보복을 하는데, 느그 자손이 수십대 수백대 내려가기까지 고생을 하게 만들어야겠다." 이래 가지고 산에서 내려오는 물이 봉곡이 사는 자손 쪽으로 내려오는 좋은 물줄기가 있었다는 얘기요. 그런데 인제 그것은 말하자면 농사지어 먹는데, 가장 필요하고 음료수로도 필요한 좋은 물줄긴데, 그 물줄기를 산 너머 쪽으로 돌려가지고. 그 쪽은 건댑(乾畓)이 되어버렸어요. 너머로는 물 수리가 좋아지고. 그래 지금 현재도 산에서 물 나오는 상태가 그쪽이 참 좋고, 봉곡의 자손이 사는 데는 아주 건댑이 되어가지고는 물이 바닥으로 새버리고는 아주 사막과 같이 되었다는 전설이 있읍니다.[33]

진묵대사의 죽음에 대한 증산도 『도전』의 내용은 『한국구비문화대계』의 내용과 기본적으로 일치한다.[34] 진묵대사의 죽음에는 김봉곡이 깊이 연루되어 있다는 것이다.

---

33 한국정신문화연구원, 『한국구비문학대계』5집 2책(서울:고려원, 1987), 250 -252쪽.

34 증산도 도전편찬위원회, 앞의 책, 514쪽.

봉곡이 이로부터 더욱 시기하더니, 그 뒤에 진묵이 상좌上佐에게 단단히 이르기를 '내가 8일을 기한으로 하여 시해尸解로 천상에 다녀올 것이니 절대로 방문을 열지 말라.' 하고 떠나거늘 하루는 봉곡이 봉서사로부터 서기가 하늘로 뻗친 것을 보고 '내가 저 기운을 받으면 진묵을 능가할 수 있으니라.' 하며 즉시 봉서사로 올라갔느니라. 봉곡이 서기가 뻗치는 법당 앞에 당도하여 진묵을 찾으매, 상좌가 나와서 '대사님이 출타하신 지 얼마 안 됩니다.' 하니 봉곡이 '옳거니, 법당의 서기를 이 참에 받아야겠다.' 하고 '법당문을 열라 하라.' 하매 상좌가 '대사님께서 자물쇠를 가지고 가셨습니다.' 하거늘 봉곡이 큰 소리로 호령하며 기어이 문을 부수고 들어가니 뜻밖에 진묵이 앉아 있고 그의 몸에서 서기가 뻗치더라. 봉곡이 잠시 당황하다가 문득 진묵이 시해로 어디론가 갔음을 알아차리고 '서기를 못 받을 바에는 차라리 돌아오지 못하게 해야겠다.'고 마음먹고 상좌에게 '어찌 시체를 방안에 숨겨 두고 혹세무민하느냐! 중은 죽으면 화장을 해야 하느니라.' 하며 마침내 마당에 나무를 쌓고 진묵의 시신을 화장하니 어린 상좌가 울면서 말리거늘 봉곡은 도리어 화를 내며 상좌를 내쳤느니라. 이 때 마침 진묵이 돌아와 공중에서 외쳐 말하기를 '너와 내가 아무 원수진 일이 없는데 어찌 이러느냐!' 하니 상좌가 진묵의 소리를 듣고 통하거늘 봉곡이 '저것은 요괴妖怪의 소리니라. 듣지 말고 손가락뼈 한마디, 수염 한 올도 남김없이 잘 태워야 하느니라.' 하며 일일이 다 태워 버리니 진묵이 다급한 음성으로 상좌에게 '손톱이라도 찾아보라.'하는데 봉곡이 상좌를 꼼짝도 못하게 하며 '손톱도 까마귀가 물고 날아갔다.' 하는지라 진묵이 소리쳐 말하기를 '내가 각 지방 문화의 정수를 거두어 모아 천하를 크게 문명케 하고자 하였으나 이제 봉곡의 질투로 인하여 대사大事를 그르치게 되었으니 어찌 한스럽지 않으리요. 나는 이제 이 땅을 떠나려니와 봉곡의 자손은 대대로 호미질을 면치 못하리라.' 하고 동양의 도통신을 거느리고 서양으로 건너갔느니라.(『도전』 4:138:9-23)

김봉곡이 진묵대사를 죽게 한 장본인으로 평가하는 견해는 당대 지배층의 유교 이데올로기를 대변하는 김봉곡을 비판하는 것으로, 현실사회에서 소외된 사회적 약자로서의 민중들의 생각을 반영하는 것이다. 민초들이 자신들의 간절한 소망과 염원을 진묵의 삶에 진솔하게 투영하였다면, 이는 어떤 의미에서 역사적 사실보다도 오히려 더 진정한 세계와 인생의 진실을 담고 있다고 하겠다. 왜냐하면 민초들은 관념적 허위의식에 사로잡힌 지식인들과는 달리 자신들의 생각과 감정을 자연스럽고도 솔직하게 드러내는 경향이 더욱 많기 때문이다.

그런데 여기서 우리가 주목해야 할 것은 진묵대사의 죽음에 얽힌 비화에는 새 문명을 수립하는 문제와 매우 밀접한 연관성을 지니고 있다는 사실이다. 위에서 인용한 증산도의 『도전』에서는 "'내가 각 지방 문화의 정수를 거두어 모아 천하를 크게 문명케 하고자 하였으나 이제 봉곡의 질투로 인하여 대사大事를 그르치게 되었으니 어찌 한스럽지 않으리요. 나는 이제 이 땅을 떠나려니와 봉곡의 자손은 대대로 호미질을 면치 못하리라.' 하고 동양의 도통신을 거느리고 서양으로 건너갔느니라."(『도전』 4:138:20~23)라고 보기 때문이다. 이렇듯 진묵대사의 죽음은 증산도 사상에서 새로운 평가를 받게 된다. 왜냐하면 진묵대사는 이후 증산도 사상에서 후천세계의 새 문명을 건설하는 통일문명의 주역으로 거듭나기 때문이다. 증산 상제는 진묵대사를 후천세상의 불교계를 대표하는 인물로 안배한다.

2) 사상

진묵대사는 불교의 승려였지만, 유도나 선도를 공부하는 사람들과도 폭넓은 교류를 하였다. 진묵대사는 단순히 승려로만 한정할 수 없다. 왜냐하면 그는 승려이면서도 불교에만 머물지 않고 선도와 유도의 경계를 자유로이 넘나드는 삼교회통의 경지를 보여주기 때문이다. 이는 당시 불교의 관점에서 삼교융합을 주창하던 휴정休靜 서산대사西山大師(1520~1604)의 주장과도 일치하는 부분이다. 서산대사는 『삼가귀감三家龜鑑』을 지어 유불선 삼교가 솥의 세 발처럼 조화를 이루어야 한다는 점을 강조하였다.

진묵대사는 승려이자 유자였고 선도 수행자였다. 민중과 하나가 되어 사는 부처의 화신으로서의 미물인 물고기조차도 살리려는 '상생의 마음'은 불도佛道의 모습을 보여준다. 지극한 효심과 가족 간의 우애중시는 유도儒道의 모습이다. 천지만물과 하나가 되어 무엇에도 걸림이 없이 노니는 진묵대사의 도통의 경지나 '시해선尸解仙'(『도전』 4:138:9)의 모습은 선도仙道의 모습이다.[35] 우리는 아래에서 진묵대사의 사상을 불유선佛儒仙의 세 가지 측면으로 나누어 검토하려고 한다.

(1) 석가모니의 화신

진묵대사가 생존한 당대의 불교계는 대체로 선종禪宗과 교종敎宗이 양립하여 대립하던 시기이다. 서산대사는 선종과 교종 가운데에서 선종이 중심이 되어야 한다는 점을 적극적으로 천명하였다. 그러나 유정惟政 사명대사四溟大師(1544~1610)는 서산대사의 제자로서 선종의 종통을 잘 계승하여 달라는 서산대사의 위촉까지 받았음에도 불구하고 대체로 교종에 중점을 둔 인물로 평가받고 있다. 그런데 진묵대사의 경우는 법통의 사승관계가 뚜렷하지 않다.[36]

---

35 갈홍葛洪은 『포박자내편抱朴子內篇』 「논선論仙」에서 신선을 세 단계로 구분하여 '신선삼품설神仙三品說'을 제시했다. '천선天仙'과 '지선地仙'과 '시해선尸解仙'이다. "상사上士는 몸을 들어 하늘로 올라가니, 천선이라 한다. 중사中士는 명산에 노니니, 지선이라 한다. 하사下士는 우선 죽었다가 나중에 허물을 벗으니, 시해선이라 한다."(上士擧形昇虛, 謂之天仙. 中士遊於名山, 謂之地仙. 下士先死後蛻, 謂之尸解仙.) '천선'은 몸을 들어 하늘로 올라가 천상에서 자유로이 노니는 신선을 말한다. '지선'은 지상의 명산대천을 노니는 신선을 말한다. '시해선'은 매미가 허물을 벗어 갱신하는 것처럼 우선 죽었다가 나중에 육신의 거추장스런 껍질에서 벗어날 수 있는 신선을 말한다.

36 이일영 편, 앞의 책, 148쪽.

진묵대사와 대승불교

김기종은 『진묵조사유적고서』에서 "유도와 불도는 같지 않다. 그러나 우리 유자가 불교인들과 더불어 가끔 함께 왕래하는데, 불교인들은 유자들과 함께 어울림으로써 그 이름이 드러난다. 왜 그런가? 그것은 같지 않음 가운데 혹 같음이 있어서 그러하다. 또 혹은 옛날의 군자가 말을 세워서 인정하면, 이에 의지해서 이름이 썩지 않는 것이다. 오호라! 명종과 선조 사이에 인물이 부쩍 많이 나왔다. 봉곡 선생 같은 이는 사옹 이항복의 수제자로서 도학을 창도하고 밝혔으며, 진묵대사는 여래의 응신으로서 선과 교를 수행하였다. 그들은 모두 한 시대의 위대한 인물이었다."[37]라고 하여, 진묵대사를 선종과 교종을 함께 수행한 것으로 평가한다. 그러나 진묵대사의 불교관이 선종인지 교종인지, 아니면 선교일치를 주장했는지 지금으로서는 명확히 알 수 없다. 진묵대사의 불교사상이 무엇인가를 구체적으로 언급한 문헌을 찾아보기 어렵기 때문이다.

다음의 일화는 진묵대사가 선정禪定에 어느 정도의 조예가 있었는지를 미루어 짐작하게 한다.

---

37 『진묵대사소전』, 19쪽. "儒與佛, 道不同. 然吾儒氏往往與浮屠遊, 而浮屠之從儒氏遊者, 名益著, 何也? 盖不同之中, 或有所同而然矣, 又或古君子, 有立言而許與, 則藉是而名不朽焉. 嗚呼! 明宣兩朝, 人物蔚興, 有若鳳谷先生, 以沙翁高弟, 倡明道學; 震默大師, 以如來應身修行禪教, 皆一時魁偉之人也."

대사가 변산의 월명암에 머물고 있을 때의 일이다. 승려들은 모두 탁발을 나가고 대사만이 시중드는 이와 함께 절을 지키고 있었다. 때마침 시중드는 이가 제사를 모시기 위해 속가에 가야하기 때문에 먼저 공양 음식을 갖추어 탁자 위에 올려놓고 말하였다. '공양 그릇은 여기에 있으니 때가 되면 손수 공양을 드시지요.' 이때 대사는 방안에서 창문을 열어 놓고 손을 문지방에 대고서 『능엄경』을 보고 있었다. 시중드는 이가 다음 날 암자에 돌아와 보니 대사는 어제와 같은 자세로 앉아 있었다. 문짝에 손가락이 상하여 피가 흐르는데도 대사는 손의 상처에는 아랑곳하지 않고 태연히 경을 보고 있었다. 탁자 위의 공양음식도 들지 않은 채 그대로였다. 시중드는 사람이 절을 하고 밤새 안부를 여쭈었더니 대사가 말하였다. '너는 제사에 참여하지 않고 바로 왔느냐?' 생각컨대 대사는 능엄삼매에 들었기 때문에 밤이 이미 지난 것도 몰랐던 것이다.[38]

진묵대사는 『능엄경』을 읽다가 깊은 선정에 빠져들었다. 그래서 밤이 어떻게 지나갔는지도, 바람이 불어 여닫히는 문에 손이 다쳐 피가 흐르는 것도 모를 정도였다. 시간 속에서 시간을 완전히 초월한 것이다. 이를 그 무엇에도 얽매임이 없는 고요한 맑음의 경지인 '능엄삼매楞嚴三昧'라고 부른다.

---

38 『진묵대사소전』, 51쪽. "師嘗棲丁邊山之月明庵. 僧皆秋乞去, 惟與侍者看庵. 侍者有忌故, 當往俗家, 先判齋供, 置諸卓上而啓之曰: '供具在此, 時至自齋.' 時師在方丈內, 推窓而坐, 以手加閫, 而閱楞嚴經. 侍者翌日還庵, 師坐如昨日樣. 風戶噬指而血, 忘却收手, 閱經自若. 卓上齋供, 依舊不享. 侍者展拜問夜候, 師曰: '汝不參祀而徑來耶?' 盖入於首楞嚴三昧, 而不知夜之已經也."

민중과 더불어 살면서 대중교화에 온몸을 바친 인물이 바로 진묵대사이다. 진묵설화를 통해서 볼 때, 진묵대사의 불교관은 대체로 대승불교의 입장을 지지하고 있다고 볼 수 있다. 대승불교의 근본목적은 깨침을 얻어 중생을 교화하는 "상구보리上求菩提, 하화중생下化衆生"에 있다. 위로는 깨침을 얻어 부처가 되고, 아래로는 뭇 중생을 교화하는 데 있다. 진묵대사가 물속에 비치는 자기의 모습을 바라보면서 석가모니의 참모습이라고 말하고, 개인구제에만 집착하는 아라한의 소승불교와 명리승을 비판하며 신통한 도술력으로 민중교화에 힘쓴 것은 대승불교의 전형적인 모습이다. 따라서 진묵대사는 당시 선종과 교종의 종파적 관점에 매달리지 않고 명리에만 치달리는 당대의 교계를 통렬하게 비판했을 것으로 생각된다. 진묵대사의 대중 교화력은 명리승들에게는 철저하게 도외시되었지만, 당대의 민중들이나 유생들에게는 대단한 경외심을 불러일으켰다.[39]

진묵대사의 진면목

진묵대사의 기이하고도 신비로운 행적은 봉서사에 출가했을 때부터 본격적으로 시작된다. 진묵대사는 막 출가할 당시부터 이미 부처의 화신으로 인정을 받았다.

---

39 이일영 편, 앞의 책, 147쪽.

머리를 깎고 승복을 입고서 사미가 되었을 때 절에 불사가 있었다. 그 일을 주관하는 스님은 대사가 나이는 어리지만 행실이 깨끗하다고 여겨 불러다가 불단을 호위하고 향을 피우는 소임을 맡겼다. 그 일을 맡은 지 얼마 안 되어 밀적신장이 그 일을 주관하는 스님의 꿈에 나타나 말하였다. '우리들 여러 천신들은 모두 부처님을 호위하는 신장이거늘, 어찌 부처님의 예를 받겠는가? 급히 향 받드는 소임을 바꾸어서 우리들로 하여금 아침저녁으로 편하게 지낼 수 있도록 하여다오.'[40]

진묵대사는 "청산은 나를 보고 말없이 살라하고 창공은 나를 보고 티 없이 살라하네. 탐욕도 벗어놓고 성냄도 벗어놓고 물같이 바람같이 살다가 가라하네"라고 노래한 고려 말 나옹懶翁 (1320~1376)대사와 더불어 한국 불교사에서 석가모니의 화신으로 한없는 존경을 받았다. 초의대사는『진묵조사유적고』에서 "우리 동국의 진묵대사는 명종 때에 태어나셨으니, 곧 석가여래의 응신이다"[41]라고 하여, 진묵대사가 석가모니의 화신불임을 밝히고 있다. 진묵 대사도 자신이 석가모니의 화신임을 다음과 같이 은근히 암시한다.

40『진묵대사소전』, 43~44쪽. "旣剃染爲沙彌時, 寺有佛事. 主事者, 以師年少而有淨行, 差爲擁護壇奉香之任. 行之未久, 有密跡神將, 顯告於主事之夢曰:'我等諸天, 皆衛佛之神祇也, 焉敢返受佛禮? 亟令改換奉香, 使我得以安於晨夕.'"
41『진묵대사소전』, 30쪽. "我東國震默大師, 降化於明廟之世, 卽釋迦如來應身也."

대사가 하루는 목욕을 하고서 머리를 감고 옷을 갈아입고는 지팡이를 끌면서 산문 밖을 나섰다. 개울가를 따라 거닐다가 지팡이를 세우고 물가를 내려 보며 서 있다가 손으로 물속에 비친 자기의 그림자를 가리키면서 시자에게 말했다. '저것이 석가모니의 그림자이니라.' 시자가 말했다. '이것은 스님의 그림자입니다.' 대사가 말했다. '너는 다만 나의 거짓 모습만 알 뿐이지 석가모니의 참 모습은 알지 못하는구나.'[42]

내가 일찍이 『석가현기』를 읽은 적이 있는데, 거기에 이르기를 '내가 멸도한 뒤에 나옹이라 하는 한 비구가 있을 것이니 나의 몸이라 하였고, 또 이름을 진묵이라 하는 한 비구가 나올 것이니 나의 몸이다.'라고 하였다.[43]

진묵대사는 물속에 비친 자신의 그림자를 석가모니의 그림자로 본다. 이 말은 그림자는 어디까지나 환영幻影에 지나지 않지만, 진묵대사 자신의 진면목은 바로 부처라는 뜻이다. 이는 진묵대사가 자신을 과시하기 위해 한 말이 아니라, 인간이라면 누구나 태어날 때부터 부처의 참모습을 온전하게 간직하고 있다는 말이다. 주목할 만한 사실은 진묵설화에서 진묵대사를 석가모니의 화신으로 보는 관점이 진묵의 삶의 전 과정–탄생에서부터 열반–에 이

---

42 『진묵대사소전』, 81쪽. "師一日沐浴淨髮更衣, 曳杖出門, 沿溪而行, 植杖臨流而立, 以手指水中己影, 而示侍者曰: '遮個是釋迦佛影子也.' 侍者曰: '這是和尙影.' 師曰: '汝但知和尙假, 不識釋迦眞.'"

43 『진묵대사소전』, 121–122쪽. "余嘗讀『釋迦懸記』, 有云: '我滅道後, 有一比丘出, 名懶翁, 我身是也. 又一比丘出, 名震默, 我身是也.'"

르기까지 일관되게 지속된다는 점이다.

조선 말기의 승려인 석전石顚(1870~1948)은 "화포에는 옛 부처가 살았다고 전하는데/ 하늘가에 자취 없으니 어찌 진여를 알리요/ 황폐한 무덤 저문 농촌에 향연만 피어오르니/ 성모의 영령은 상금도 흠향하는가/"[44]라고 노래하면서 진묵대사가 부처라는 사실을 강조한다.

소승불교 비판

대사는 일찍이 혼자 길을 걸어 가다가 우연히 한 사미를 만나 그와 함께 동행하게 되었는데 요수천 가에 이르자 사미가 말했다. '소승이 먼저 건너가 그 물이 깊은지 얕은지를 알아보겠습니다.' 마침내 발을 벗고 아주 수월하게 건너갔다. 그런데 대사가 옷자락을 걷어 올리고 건너려고 하니, 몸이 물속으로 빠져들었다."[45]

진묵대사가 어느 날 길을 가다가 우연히 한 사미를 만나서 동행을 하게 되었다. 요수천樂水川 가에 이르자 사미로 변장한 나한들이 진묵대사를 물속에 빠뜨려 골탕을 먹일 심산으로 수심이 깊은 시냇물을 건너면서 물이 얕다고 속인 것이다. 진묵대사는 물

---

44 『진묵대사소전』, 146쪽. "火浦相傳古佛居/天涯鴻爪那眞如/荒墳農夕香如篆/聖母英靈尙食諸."

45 『진묵대사소전』, 61쪽. "師嘗於途中獨行, 遇一沙彌, 與之同行. 至樂水川邊, 沙彌啓曰: '少僧先渡, 測其淺深,' 遂露足輕輕而涉. 師將屬之, 身淹水中."

속에서 빠져나와 나한들에게 희롱당한 것을 알고 다음과 같이 일
갈했다.

저 영산회상의 어리석은 열여섯 나한들이여,
마을 잿밥 즐기는 것 언제나 그만두랴?
신통 묘용은 미치기 어렵지만,
대도는 응당 늙은 비구에게 물어야 하리.[46]
寄汝靈山十六愚,
樂村齋飯豈時休?
神通妙用雖難及,
大道應問老比丘.

　나한羅漢은 아라한阿羅漢의 줄임말인데, 모든 번뇌와 속박에서
벗어나 해탈한 사람을 뜻한다. 남방 소승불교에서 내세우는 이상
적 인물이다. 반면에 북방 대승불교에서 중시하는 인물은 보살이
다. 보살은 개인적 해탈과 구원을 넘어서 모든 중생의 구원과 해
탈을 추구하는 인물이다. 진묵대사는 신통력과 묘용력을 내세워
세상을 미혹시키고 백성을 속이는 혹세무민惑世誣民을 경계하였
다. 진묵대사가 보기에 신통력을 부리는 것보다 더 중요한 것이
대도를 닦아 진리를 찾는 일이다. 여기서 우리가 특히 주목해야
할 사실은 진묵대사가 개인의 자기구원에만 집착하는 나한을 비

---

46 이일영 편, 앞의 책, 61쪽.

판하면서 '신통과 묘용'의 재주보다는 보살행의 '대도'를 더 중시했다는 점이다. 진묵대사는 기사이적奇事異蹟을 하찮은 것으로 여기고 우주만물과 하나가 되어 자유로이 살아가는 대도의 경지를 더 소중한 것으로 여겼다.

진묵대사는 중생의 도움을 받아 살면서도 개인적 구원에만 몰두하는 당대의 관념적 불교의 한계성을 비판한다. 민초들이 어렵사리 경작하여 얻은 귀한 곡식을 야금야금 축내면서도 아무런 죄책감도 느끼지 못하고 정작 민중의 고통과 고난을 외면하는 탐욕스런 승려의 행태를 질타한다.

명리승 비판

진묵대사는 동시대를 살았던 서산대사와 사명대사와는 전혀 다른 삶을 살았다. 서산대사와 사명대사는 임진왜란이 터지자 분연히 일어나 승병을 조직하여 왜적의 침탈을 막는데 크게 기여하였다. 그 공으로 세상에 큰 이름과 족적을 남겼다.

그러나 진묵대사는 임진왜란 때에 승병을 이끌고 전란에 참가한 서산대사와 사명대사를 '명리승名利僧'[47]으로 비판하였다. 그들의 행위에는 명예와 이익에 대한 집착이 아직도 말끔히 제거되지 않았다는 뜻이다. 명리에 대한 조그만 집착도 없어야 참된 깨

---

47 이일영 편, 앞의 책, 81쪽.

침의 경지에 이를 수 있기 때문이다. 지극한 행위는 의식적으로 무엇인가를 추구하는 의도적 행위가 없는 법이다. 아울러 진묵대사가 임진왜란에 승병으로서 전쟁에 참여하지 않은 중요한 이유의 하나는 살생殺生을 피하기 위한 것이다. 전쟁에 참여하면 생명의 살상이 불가피하기 때문이다.

진묵대사 당시 조선은 '억불숭유抑佛崇儒'의 정책을 고수하였다. 유교를 통치이념으로 하는 사회였기 때문에 불교와 유교는 대립적 관계에 있었다. 서산대사와 사명대사가 호국불교의 이름 아래 현실참여에 적극적으로 나선 것은 물론 국가의 안위와 민중의 고난을 걱정하고 배려하는 마음에서 나온 것이지만, 유교와의 마찰을 피하면서 불교의 명맥을 유지하면서 새로운 중흥을 꾀하려는 의도도 포함되어 있을 것으로 보인다.

진묵대사는 뭇 중생을 하나로 보는 동체대비의 마음을 지닌 석가모니의 화신이었다. 진묵대사의 눈에는 조선의 순진무구한 백성과 왜구의 침략군이 둘이 아니었다. 중요한 것은 힘없는 조선의 백성뿐만 아니라 조선의 민중들을 무참히 수탈하고 학살하는 왜구조차도 한없이 불쌍한 중생으로 본다는 사실이다. 진묵대사의 이런 여래의 마음은 피아를 가리지 않고 그들을 모두 구제하려는 자비로운 삶의 극치를 보여준다. 진묵대사는 호국불교라는 명목을 내세우고 왜구를 무력으로 맞대응하여 폭력을 폭력으로 제압

하는 방식을 택하지 않았다. 진묵대사는 도리어 민중들 속으로 깊이 파고들어갔다. 민중과 함께하면서 그들의 고단한 삶을 위무하고 치유하는 방식을 택했다.

그렇다면 진묵대사의 불교사상은 어떤 특성을 지니고 있을까? 김동화는 진묵대사의 불교사상에 대해 다음과 같이 평가한다.

대사 당시의 교계는 대체로 교종·선종으로 분립되어 피차 자찬훼타自讚毀他하고 있었다. 그러나 대사는 이러한 종아宗我의 편집偏執을 초월하여 대동통일적大同統一的 견지에서의 목적이 무엇인가? 그것은 다 같은 성불이 아닌가? 그렇다면 교·선 어느 한 편에만 편경偏傾한다는 것은 불교의 본지에 배치된 소인물小人物의 태도라고 본 것 같다. 그러므로 그 당시 종파적 세력이나 또는 명리에만 치주馳走하던 교계이므로 대사의 관심이 있을 리가 없다. 종교인의 실력은 교화에 있다. 대사의 교화력은 명리승들에게는 도외시되었지만 일반 속계에서는 대단한 경이심驚異心을 환기하였던 모양으로 대사의 『유적고』가 특히 유생들에 의해 전해지고 또 간행된 이유도 실로 이에 있었던 것이 아닐까 생각된다.[48]

진묵대사가 민중들의 삶 속으로 깊이 파고드는 방식을 선택한 것은 불교의 생활화 또는 불교의 민중화라는 '생활불교'로서의 의미를 지닌다. 서산대사와 사명대사가 호국불교라는 기치 아래

---

48 이일영 편, 앞의 책, 150쪽.

현실참여에 적극적으로 동참한 '국가불교'의 의미가
있다면, 진묵대사는 천대를 받는 일반 민중들의 삶
속으로 깊이 뿌리를 내리면서 그들과 삶을 함께하는
'생활불교'로서의 의미를 지닌다. 진묵대사의 삶은
그야말로 생활불교 또는 민중불교의 본보기라고 할
수 있다.[49]

(2) 지극한 효심과 우애

진묵대사는 효심이 지극한 사람이었을 뿐만 아니
라 동기간의 우애를 누구보다 소중히 여겼다. 진묵대
사는 출가한 승려였지만, 어머니를 평생 극진히 봉양
했고, 하나 밖에 없는 누이동생을 살뜰하게 돌보아

**진묵대사와 어머님
영정**…봉서사에 두
분의 영정이 함께
모셔져 있다.

---

49 김명선, 앞의 책, 30-31쪽.

주었다. 진묵대사는 당시 자신이 거주하던 일출암 근처의 왜막촌 (현재 완주군 용진면 아중리)에 집을 마련하여 어머니와 누이동생을 살게 했다. 진묵대사는 조석으로 어머니께 문안을 드리며 지극 정성으로 모셨다.

왜막촌 모기 퇴치

왜막촌에서 늙은 어머니를 봉양하면서, 대사는 그 마을의 뒤에 있는 일출암에 머물렀다. 여름이면 어머니가 모기 때문에 괴로워하자 대사는 산신령에게 부탁하여 모기를 다 쫓아버리게 하였다. 그 뒤로 지금까지 온 마을에는 모기의 괴로움이 영원히 없어졌다.[50]

우리는 왜막촌 모기 퇴치의 일화를 통해 진묵대사가 가족의 소중함을 얼마나 강조하고 있는가를 알 수 있다. 당시 진묵대사의 어머니가 거주하던 왜막촌은 산으로 둘러싸인 곳이라 모기가 유독 많았다. 어머니를 향한 진묵대사의 지극한 효심이 산신령을 감동시킨 것이다. '지성至誠이면 감천感天'이라는 속언은 결코 헛말이 아니다. 말이 씨가 되는 말이다. 이 설화는 효심의 효능을 강조하고 있다. 효성이 여름철 해충의 고통을 덜어주었다는 것이다. 이는 일상생활에서 작지만 결코 작지 않은 소박한 삶의 행복과 기

---

50 『진묵대사소전』, 47쪽. "奉養老母於倭幕村, 師居村後之日出庵. 夏日, 母以蚊子之苦, 師屬山靈而歐蚊. 自後至今, 一村永無蚊子之苦."

뿜이 어디에 있는가를 극명하게 보여준다.[51] 비록 출
가한 승려라고 할지라도, 가족이나 이웃을 위해 무
언가를 해줄 수 있다면 그것이 어찌 삶의 큰 즐거움
이 아니겠는가!

무자손천년향화지지無子孫千年香火之地

자연에서 생겨난 모든 생명은 언젠가는 반드시 죽
기 마련이다. 이는 그 누구도 피해갈 수 없는 자연의
오묘한 섭리다. 진묵대사의 지극한 효성에도 불구하
고, 진묵대사의 어머니가 마침내 돌아가셨다. 진묵
대사는 출가한 승려로서 후손이 없기 때문에 대대
손손 어머니의 제사를 받들 수도 없고 묘소를 돌볼

**진묵대사 어머님 묘
소**…성모암.

수도 없는 처지였다. 또한 누이동생이 있기는 하지만 '출가외인出
嫁外人'인지라 시집가면 남의 식구가 된다. 그러니 언제까지나 어
머니의 제사를 받들 수 없다. 풍수지리에 달통한 진묵대사는 천
년만년 제사를 얻어 잡수실 수 있도록 어머니의 유해를 만경면
북쪽의 유앙산 기슭에 있는 성모암에 모셨다.

　화포에서 동으로 떨어진 조앙산祖仰山에 '진묵조사존비지묘震
默祖師尊妣之墓'라 새긴 빗돌이 서 있는데 이것이 바로 '무자손천
년향화지지'라고 일컫는 진묵대사 모친의 무덤이다. 대사가 직접
묘지를 정했다고 전해 오고 있으며 '조앙산'은 바로 진묵조사를
추앙하는 산이라는 뜻이라고 한다. 이 무덤을 중심으로 세워진
'성모암' '조앙사' '진묵사'에서는 진묵대사와 모친의 영정을 봉
안하고 매년 제사를 드린다고 하며 또 사람들의 전하는 말에 의
하면 이 무덤을 찾아 성묘하고 제사를 드리면 집안에 재앙이 없
고 풍년이 든다고 하여 매년 수백 명이 찾아온다 하니 결국 자손
이 없어도 향화가 끊이지 않는다는 것이다.[52]

　진묵대사는 성모암의 묘소에 참배를 하고 술을 부어 제사를 드
리면 풍년이 들 것이라고 하였다. 그리고 정성을 들여 기도하고 소
원을 빌면 바라는 것 하나는 반드시 성취한다는 소문이 세상에
떠돌았다. 그러자 인근 마을사람들이 행여 뒤질세라 앞을 다투어

---

52 이일영 편, 앞의 책, 151–152쪽.

모여들었다. 진묵대사가 어머니를 안장한 그 자리가 바로 자손이 없어도 향과 촛불이 천년만년 꺼지지 않는다고 하는 '무자손천년향화지지'의 명당이다. 풍수에서는 이런 명당자리를 연꽃이 물에 떠 있는 형상이라고 하여 '연화부수형蓮花浮水形'이라고 한다.

수백 년이 흐른 지금에도 성모암에는 참배객의 발길이 끊어지지 않고 있고, 그윽한 향 연기가 하늘하늘 피어오르고 있다. 오늘에 이르기까지도 자식이 좋은 대학과 직장에 들어가기를 바라는 부모들의 발길과 집안의 평안함을 갈구하는 참배객의 향화香火가 끊이지 않고 있으니, 진묵대사의 효성과 도력을 가히 짐작할 수 있다. 천년이 지나도록 어머니의 제사를 받들 수 있도록 한 진묵대사의 혜안과 통찰에 참으로 놀라지 않을 수 없다. 너무도 기묘한 일이다.

진묵대사의 사모곡

고전시가에는 어머니의 은혜를 노래한 다양한 종류의 사모곡이 있다. 고려시대 작자미상의 「사모곡思母曲」은 호미와 낫의 비유를 들어 어머니의 사랑이 아버지의 사랑보다 더 섬세하고 극진하다는 것을 노래한다. 현대어로 번역하면 다음과 같다.

호미도 날이지마는
낫같이 들 리도 없습니다.

아버님도 어버이시지만

위 덩더둥셩

어머님같이 아껴 주실 리 없어라.

아, 임이시여!

어머님같이 아껴 주실 리 없어라.

   당나라 중기의 시인이었던 맹교孟郊(751~814)는 「유자음遊子吟」
에서 '길 떠나는 아들의 노래'를 읊조리면서 어머니의 사랑을 봄
볕에 아들의 마음을 풀에 비유한다.

인자하신 어머니 손에 든 실,

길 떠날 아들이 몸에 걸칠 옷.

떠날 제 촘촘히 기우신 건,

돌아옴 더딜세라 걱정해서지.

뉘 말하느뇨, 한 치 풀 마음으로

봄볕 사랑을 갚을 수 있다고.

慈母手中線,

遊子身上衣.

臨行密密縫,

意恐遲遲歸.

誰言寸草心,

報得三春輝.

   맹교는 마흔이 넘도록 과거에 급제하지 못해 어머니의 마음을

무척이나 아프게 하였다. 먼 길 떠나는 아들을 위해 옷을 한 땀 한 땀 정성스레 기우는 맹교 어머니의 마음은 양가적이다. 옷을 꼼꼼히 기우면 행여 늦게 돌아올까 두렵고, 꼼꼼히 기우지 않으면 옷이 풀어져 온 사방을 돌아다니며 일하는 데 방해가 될까 두렵기 때문이다. 맹교는 한 치 풀 같이 작디작은 자식의 마음으로 봄볕 같이 따사로운 어머니의 크나큰 사랑을 어찌 다 갚을 수 있겠느냐고 반문한다. 요컨대 부모의 사랑과 은혜는 하늘과 땅처럼 너무도 높고 커서 보답하기 어렵다는 것이다.

고려가사의 「사모곡」이나 맹교의 「유자음」과 마찬가지로 진묵대사도 어머니에 대한 곡진한 사랑을 노래한다. 진묵대사는 돌아가신 어머니를 위해 제문을 지어 어머니를 그리는 애틋한 마음을 다음과 같이 절절하게 표현하였다.

열 달 동안 태중에서 길러주신 은혜를 어찌 갚으오리까? 슬하에서 삼 년을 키워주신 은덕을 잊을 수 없나이다. 만세를 사시고 다시 만세를 더 사신다 해도 자식의 마음은 그래도 모자랄 일이온데 백년도 채우지 못하시니, 어머님 수명은 어찌 그리도 짧으시옵니까? 표주박 한 개로 노상에서 걸식하며 사는 이 중은 이미 그러하거니와 비녀를 꽂고 규중에 있는 아직 시집가지 못한 누이동생은 어찌 슬프지 않겠습니까? 불단에 올라 공양을 올리고 불단에 내려와 불공을 마치고 난 뒤 스님들은 각기 자기 방을 찾아 돌아갔고 앞산은 첩첩하고 뒷산은 겹겹이온데, 어머님의 혼백은 어디로 가셨습

니까? 아! 애닯기만 합니다.[53]

사모하는 어머니에 대한 애절한 정이 제문에 절절히 묻어난다. 또한 어머니 병치레 하느라 혼기를 놓쳐버리고 홀로 사는 누이동생에 대한 애틋한 연민의 정을 숨김없이 토로한다. 도력이 큰 스님이면서도 인간미가 풀풀 넘치는 진묵대사의 제문에 그 누군들 감동치 않겠는가!

진묵대사의 사모곡은 생명의 근원을 잊지 않는 삶의 본보기를 있는 그대로 잘 보여준다. 출가의 근본이 어디에 있는지를 몸소 보여준 것이다. 출가하는 것은 결코 인간세상을 버리는 데 있는 것이 아니다. 진묵대사가 출가한 참뜻은 온 중생을 구제하기 위한 것이다.

'효를 모든 행위의 근본'으로 보는 당시의 유학자들조차도 이런 진묵대사의 곡진한 효성에 찬탄을 금하지 못하였다. 진묵대사의 효심을 가득담은 제문은 서산대사의 작품으로 알려지고 있는 『회심곡』을 연상케 한다.

이 세상 나온 사람 뉘 덕으로 나왔는가//

---

53 『진묵대사소전』, 47쪽. "胎中十月之恩, 何以報也? 膝下三年之養, 未能忘矣. 萬歲上更加萬歲, 子之心猶爲嫌焉, 母之壽何爲其短也? 簞瓢路上行乞一僧, 旣云已矣, 橫釵閨中, 未婚小妹, 寧不哀哉? 上壇了下壇罷, 僧尋各房, 前山疊後山重, 魂歸何處? 嗚呼! 哀哉云."

불보살님 은덕으로 아버님 전 뼈를 타고 어머님 전 살을 타고/ 칠
성님께 명을 빌어 제석님께 복을 타고/
석가여래 제도하사 인생일신 탄생하니/
한 두 살에 철을 몰라 부모은공 아올소냐//
이삼십을 당하여는 애욕하고 고생살이/
부모은공 갚을소냐!//

사람이라면 누군들 부모를 그리는 사무친 정이 없겠는가. 모든
부모는 인간 생명의 근원적 고향이다. 진자리 마른자리 갈아 뉘시
며 고이고이 길러주신 부모의 은공을 어찌 한순간이라도 차마 잊
을 수 있으랴!

죽은 물고기를 다시 살려내는 어진 마음

그렇다고 진묵대사가 편협한 가족주의에 함몰된 것은 아니다.
진묵대사의 생명에 대한 자애로운 마음은 미물인 물고기에까지
미치고 있다. 진묵대사가 어느 날 길을 가다가 시냇가에서 물고기
를 잡아 가마솥에서 끓이고 있는 소년들을 우연히 만났다. 소년
들은 진묵대사를 골려주기 위해 솥에 들어 있는 고깃국을 마시라
고 시험을 한다.

한번은 대사가 길을 가다가 여러 소년들을 만났는데, 그들은 천
렵을 하여 시냇가에서 물고기를 끓이고 있었다. 대사는 끓는 솥
을 들여다보며 탄식하여 말하였다. '착한 물고기가 아무 죄도 없

이 가마솥에서 삶기는 괴로움을 받는구나!' 한 소년이 희롱하여 말하였다. '대사께서 이 고기국을 드시겠습니까?' 대사가 말하였다. '나야 잘 먹지.' 소년이 말하였다. '저 한 솥을 대사에게 맡기겠사오니, 다 드시지요.' 대사는 솥을 들어 입에 대고 순식간에 남김없이 다 마시어 버렸다. 그러자 여러 소년들은 모두 놀라 이상하게 여겨 말하였다. '부처님은 살생을 경계하였는데 고깃국을 마셨으니 어찌 승려라 할 수 있겠습니까?' 대사가 '죽인 것은 내가 아니지만 그것을 살리는 것은 내게 달려 있다.'라 말하고, 마침내 옷을 벗고 물에 등을 돌려 설사를 하였다. 그러자 무수한 물고기가 항문으로부터 쏟아져 나오는데, 발랄하기가 마치 봄물을 타고 흘러내리는 듯 하고 번쩍번쩍 비늘을 번뜩이며 어지러이 물 위에서 뛰놀았다. 대사는 돌아보고 물고기에게 말하였다. '착한 물고기들아! 이제부터는 멀리 강과 바다로 가서 놀 때 다시는 미끼를 탐하다가 가마솥에서 삶기는 괴로움을 당하지 않도록 조심하라.' 이리하여 여러 소년들은 탄복하고서 그물을 거두어 가지고 돌아갔다.[54]

진묵대사는 개구쟁이 소년들의 요구에 따라 아무런 거리낌 없이 고깃국을 훌훌 마셨다. 이런 행위는 살아 있는 것을 죽이지 말

---

54 『진묵대사소전』, 68쪽. "師於路次, 値衆少年, 川獵烹鮮于溪邊. 師俯視沸鼎而嘆曰: '好個魚子, 無辜而受鑊湯之苦.' 一少年戲之曰: '禪師欲沾魚羹麼?' 師曰: '我也善喫.' 少年曰: '這一沙鑼任師, 盡喫?' 師擡銅沙鑼, 灌口呷了無餘. 於是衆皆驚異曰: '佛戒殺生, 能沾魚羹, 豈僧也?' 師曰: '殺則非我, 活之在我.' 遂解衣背水而瀉之, 無數銀鱗, 從後門瀉出, 活潑潑如乘春流而下, 閃閃然亂躍水面. 師顧謂魚子曰: '好個魚子, 從今遠遊江海, 愼勿食餌, 再罹鑊湯之苦.' 於是, 衆少年歎服, 鮮網而去."

고 육식을 금하라는 불교의 계율에 어긋나는 일이다. 하지만 진묵대사는 계율에 얽매이지 않고 죽은 물고기를 되살리는 신묘한 이적을 발휘한다. 그는 생명을 죽이지 말라는 소극적인 계율의 차원에서 벗어나 생명을 살리는 적극적 행위를 보여준다. 이는 '중은 물고기를 먹어서는 안 된다'라는 사회적 선입견을 비판하기 위한 것이 아니라 '중이 죽은 물고기를 먹었더니 물고기가 다시 살아서 나왔다'[55]는 신통한 조화력을 보여줌으로써, 세상 사람들에게 생명에 대한 새로운 인식과 발상의 전환을 촉구하기 위한 것이다.

더욱 중요한 것은 진묵대사가 미물인 물고기조차도 어여쁘게 여길 정도로 생명에 대한 살뜰한 정감을 여실하게 보여준다는 점이다. 가녀린 작은 생명조차도 수호하려는 생불의 모습을 확연하게 드러낸다. 여기서 물고기는 사바세계에서 온갖 고통과 고난 속에 살아가는 뭇 중생을 비유한 말이라고 볼 수 있다. 진묵대사는 물고기의 비유를 통해 인간이 현실세상에서 고통을 당할 수밖에 없는 이유를 알려준다. 물고기가 미끼를 탐하다가 낚시꾼에게 죽임을 당하는 것처럼, 인간이 외물에 욕심을 부리다가 결국 비참한 최후를 맞이하게 된다는 것이다.

말할 필요도 없거니와 매운탕 국물을 마시고 물고기를 되살려 낸 일화는 진묵대사에게만 있는 것은 아니다. 신이한 도력을

---

55 김명선, 앞의 책, 187쪽.

지닌 고승에게서 흔히 나타난다. 그런데 흥미로운 것은 진묵대사와 천렵하는 아이들 사이에서 이루어진 물고기 살리기 일화가 다른 곳에서는 진묵대사와 유학자들의 사이의 관계에서 이루어지는 설화로 존재한다는 점이다. '중태기의 유래'의 설화가 바로 그것이다. 중태기는 버들치 또는 버들개라는 민물고기를 말한다. 중태기의 유래에는 유교와 불교 사이의 갈등과 대립의 관계가 들어 있다. 유학하는 사람들이 진묵대사에게 민물고기 매운탕을 먹을 수 있느냐고 놀려대자 진묵대사는 그 자리에서 국물을 마시고 뒤를 보니 물고기가 살아나왔는데, 그 물고기의 이름을 중태기라고 불렀다고 한다. 중요한 문제는 진묵대사와 대칭점에 있는 등장인물이 어떤 계층이나 부류라고 하더라도 진묵대사의 위상이 사회적으로 매우 멸시와 조롱을 받는 비천한 인물로 묘사되고 있다는 사실이다. 이는 문헌설화에서 진묵대사와 김봉곡의 관계를 '방외우'로 평가하는 것과는 상반되는 인식이라고 하겠다.[56]

진묵대사는 승속을 떠나 모든 생명에게 한없는 자비를 베풀었는데, 시자를 시켜 사냥꾼에게 소금을 가져다 준 아주 재미난 일화가 전해진다.

한번은 대사가 시자를 불러서 소금을 가지고 봉서사의 남쪽 부곡으로 가라고 했다. 시자가 물었다. '가지고 가서 누구에게 줍니까?'

---

56 김명선, 앞의 책, 134쪽.

대사가 말했다. '가면 저절로 알 터인데, 물을 필요가 있느냐?' 시자
가 소금을 가지고 고개를 넘어 골짜기로 내려가니, 사냥꾼 두어 사
람이 막 노루고기 회를 해놓고 소금을 생각하면서 먹지 못하고 앉
아 있었다. 시자가 소금을 그들 앞에 놓자 모두 기뻐하면서 말했
다. '이는 반드시 옥 노장께서 우리들이 굶주리고 있는 것을 불쌍
히 여겨 보내주신 것이리라. 사람을 살리는 부처님이 골짜기마다
있다고 하더니 바로 이것을 두고 말하는 것이리라.'[57]

진묵대사는 살생을 일삼는 사냥꾼에게조차 한없는 보살행의
자비심을 베풀었다. 이는 생명에 대한 절절한 외경과 존재에 대한
무한한 사랑으로 병에 따라 약을 주는 응병여약應病與藥의 보살
행을 몸소 실천한 것이다.

우리는 죽은 물고기를 되살려내는 진묵대사의 물고기 일화와
사냥꾼에게 소금을 가져다 준 소금의 일화를 통해 삭막하고 메
마른 상극 세상을 벗어나 자유와 화해가 강물처럼 차고 넘치는
상생의 새 세상–강과 바다에서 노니는 물고기들이 각기 자유로
이 살아가면서도 다른 물고기와 더불어 조화롭게 살아가는 것처
럼–을 진묵대사가 얼마나 간절히 소망하고 염원하였는가를 엿
볼 수 있다.

---

57 이일영편, 앞의 책, 70쪽. "師喚侍者, 送塩于鳳寺婦谷中. 侍者曰:'送與阿
誰?'曰:'去當自知, 何必問?'爲侍者, 持塩越嶺下谷, 有獵士數人, 方膾獐肉, 思
塩不飮而坐. 侍者致塩于前, 皆喜. 是必玉老憐我之饑. 活人之佛, 谷谷有之者, 正
謂此也."

(3) 대장부의 참 자유

어떻게 사는 것이 참다운 구도자의 삶인가? 대장부의 진면목은 무엇인가? 참 사람의 진정한 멋은 어디에 있는가? 이를 유감없이 보여주는 것이 진묵대사의 계송偈頌이다. 진묵대사는 명리를 초탈하여 삶을 한바탕 연극무대의 놀이마냥 아낌없이 즐기며 아무 것에도 속박을 받지 않은 대자유인이었다. 천 가지 만 가지로 온 갖 구별과 차별을 일삼는 세상에서 모든 것을 하나로 감싸 안은 넉넉한 가슴과 여유를 보여준다.

> 하늘 이불·땅 자리·산 베개요,
> 달 촛불·구름 병풍·바다 술통이로다.
> 크게 취해 벌떡 일어나 덩실덩실 춤추다,
> 도리어 긴 소맷자락 곤륜산에 걸릴까 저어하노라.[58]
> 天衾地席山爲枕,
> 月燭雲屛海作樽.
> 大醉居然仍起舞,
> 却嫌長袖掛崑崙

진묵대사의 오도송悟道頌이다. 이 오도송은 진묵대사가 태고 사太古寺에 머물 때 지은 것으로 알려져 있다. 태고사는 대둔산 마천대 아래에 위치한 절인데, 신라 신문왕 때 원효대사가 창건하

---

58 이일영 편, 앞의 책, 79쪽.

고 고려 말 태고 보우선사가 중건하였으며, 진묵대사가 삼창하였다.[59] 진묵대사는 이 오도송을 통해 문자로 표현할 수 없는 '불립문자不立文字'의 세계를 문자로 표현하기 위해 침묵과 여백을 적절하게 활용하여 섬광과도 같은 깨침의 경지를 절묘하게 그린 시다.[60] 천지와 함께 살고 만물과 하나가 되어 자유자재로 살던 장자의 소요유逍遙遊의 경지를 연상케 한다. 이 시 한수만으로도 진묵대사의 참모습이 무엇인지를 확연하게 알 수 있다. 진묵대사는 바다라는 큰 술통을 끌어안고 온 우주와 하나가 되어 한 판 신명나게 놀았던 너무도 멋스럽고 여유가 철철 넘치는 풍류객이었다.

진묵대사에게 천지는 한마당의 놀이판이다. 하늘을 이불로 덮고 땅을 자리로 깔며 산을 베개로 벤다. 달을 촛불로 밝히고 구름을 병풍으로 둘러치며 바다를 술통으로 삼아 맘껏 술을 마신다. 한껏 술을 마신다는 것은 우주만물과 혼연일체가 된다는 것을 뜻한다. 크게 취해 비틀거리면서도 흔연히 일어나 아무런 근심이나 걱정 없이 자유자재하게 춤을 추다가 도리어 긴 소맷자락이 곤륜산에 걸리지나 않을까 걱정한다. 진묵대사는 너울너울 하늘을 향해 날아오르는 신선의 참모습을 유감없이 보여준다. 선仙이란 본디 긴 소맷자락을 드날리며 춤추는 모습(僊선)에서 유래한 것이

---

59 이일영 편, 앞의 책, 171–172쪽.
60 오규원, 『두두』(서울: 문학과 지성사, 2008), 65쪽.

선仙

　'선仙'은 상고시대에 '선僊'으로 기술하였다. 『설문해자』에서는 '선僊'을 해석하면서, "사람이 산 위에 있는 모양,"(人在山上兒.)이라고 하였다. 여기서 '모兒'는 모양을 뜻하는 모貌의 옛 글자이다. '선僊'은 상형자로서 높은 산 위에 사는 사람을 말한다. 옛날 사람들은 높은 산에 만물을 생성하게 하는 특수한 능력이 있다고 생각하였다. 또한 높은 산의 정상은 천상과 연결되어 있기 때문에 그곳에 사는 선인의 상승적, 초월적 성격을 강조하는 것이라고 볼 수 있다. 이는 선의 개념이 산악숭배와 밀접한 연관성을 지니고 있는데, 후대의 '지선地仙'의 개념과도 연결되어 있다.〈孫昌武, 『詩苑仙踪: 詩歌與神仙信仰』(南京: 南京大學出版社, 2005), 2쪽.〉 또한 '선'은 한나라 이전에는 '선僊'으로 썼다. '선僊'은 크게 두 가지의 의미가 있다.

　첫째, 장생불사하여 하늘로 올라가는 것을 뜻한다. 『설문해자』에서 '선僊'은 "오래 살다가 신선이 되어 하늘로 올라간다.(長生仙去.)"는 뜻이다. 장생長生과 승천昇天은 선의 요체이다. 『장자』 「천지」에는 선인에 대한 다음과 같은 기술이 있다.

　"천하에 도가 있을 때에는 만물과 함께 다 번창하고, 천하에 도가 없을 때에는 덕을 닦아 한가롭게 산다. 천 년을 살다가 세상에 싫증이 나면 하늘로 올라가 신선이 된다. 저 흰 구름을 타고 제향에 이르니, 세 가지 근심이 이르지 못하고 몸에는 항상 재앙이 없다.(天下有道, 則與物皆昌; 天下無道, 則修德就閑. 千歲 厭世, 去而上僊. 乘彼白雲, 至于帝鄉, 三患莫至, 身常無殃.)"

여기서 세 가지 근심이란 '질병'과 '노쇠'와 '죽음'을 말한다. 신 선이 되면, 질병에서 벗어나고 생사의 고통에서 해방되어 천지 사이에서 자유롭게 살 수 있다.(이원국, 김낙필외 옮김,『내단』(서울: 성균 관대출판부, 2006, 196쪽.)

둘째, '선僊''은 춤추는 옷소매가 바람에 펄럭인다는 뜻이다. '선'은 본래 긴 소매 옷자락을 휘날리며 춤춘다는 뜻이다. 너울너 울 춤추며 하늘을 자유로이 날아오르는 신령스러운 존재가 바로 신선이다. 답답하고 복잡한 일상의 굴레에서 벗어나 천지만물과 하나가 되어 아무 근심이나 걱정 없이 자유롭게 소요하는 존재이 다. 청나라의 단옥재段玉裁(1735~1815)는 『설문해자』의 주석에서 '선'을 "소매를 펄럭여 춤추며 날아오르는 것(舞袖飛揚.)"을 뜻한 다고 한다.

'선仙'이라는 글자가 본격적으로 등장하는 것은 한나라이다. 『석명釋名』「석장유釋長幼」에서는 "늙어도 죽지 않고 오래 사는 것 을 선이라 한다. 선은 옮긴다는 뜻이다. 옮겨서 산속으로 들어간 다는 뜻이다.(老而不死曰仙. 仙, 遷也, 遷入山中也.)"라고 한다. 선 술을 터득하여 더럽고 번잡한 세속을 떠나 깊은 산속에 들어가 사는 존재를 신선으로 파악한다.

기 때문이다.[61] 여기에서 우리는 진묵대사가 개인의 독자적 자유를 맘껏 향유하면서도 자신이 한 작은 행위 때문에 행여 그 어떤 것이라도 다치지나 않을까 세심하게 염려하고 배려하는 따사로운 마음이 담겨 있음을 볼 수 있다.

진묵대사의 이 오도송에서 우리는 세상의 고통과 번뇌로부터 벗어나 모든 것을 하나로 끌어안아 융합하면서도 그 무엇에도 걸림이 없는 대도의 경지와 우주적 기개를 느낄 수 있다. 진묵대사의 인품이 천지만물과 하나가 된 '우주적 인격'으로 승화되고 있다. 천지만물을 감싸고도 남을 만큼 넓고 걸림이 없는 넉넉한 물아일여物我一如의 경지다. 천지만물과 하나가 되었으니, 무엇이 진묵대사를 괴롭힐 수 있겠는가? 그야말로 대자유의 화신이다. 대장부가 이 땅에 태어나서 꿈꿀 수 있는 이상적 경지이다. 더 이상 무엇을 보태고 뺄 것인가? 천지를 갓난아이처럼 돌보고 보살피는 진묵대사의 우주적 경지와 기상을 엿볼 수 있다.

진묵에게서 배우는 진정한 자유의 의미는 어디에 있는가? 진정한 자유는 깨침에서 비롯된다. 참 진리를 깨쳐서 온 우주와 한몸과 한마음이 되어 모든 사물과 함께 조화롭게 살아가는 데서 진정한 자유를 얻을 수 있다. 이런 우주적 경지에 이르러야 비로소 대상적 자유의 한계에서 벗어나 그 무엇에도 막힘이 없는 근원적

---

61 정재서, 『불사의 신화와 사상』(서울: 민음사, 1994), 33쪽.

자유를 맘껏 향유할 수 있다. 온 우주와 하나가 되었으니, 무엇이 그를 억압하고 통제할 수 있겠는가? 진묵대사는 생生과 사死, 승僧과 속俗, 시是와 비非, 진眞과 가假, 미美와 추醜, 선善과 악惡, 득得과 실失, 이利와 해害 등 모든 대립의 경계를 자유자재로 넘나드는 물아일여物我一如의 경지에 이르렀다. 개인적 소아小我에서 우주적 대아大我로 거듭나는 길이 바로 참 자유를 얻을 수 있는 지름길이다.

곡차의 유래

술은 본래 제의祭儀와 관련이 있다. 천지신명과 교류를 터는 매개물이다. 제의를 마치고 음주가무를 즐기면서 사람들은 공동체의 친목과 화합을 다지는 새로운 계기와 발판을 이룬다. 이후 술은 인간의 삶에 다양한 의미를 던져준다. 공동체 사회의 전통의례를 집행함에 있어 중요한 음식물이었다. 또한 모임에서 흥을 돋구어주는 '고흥물高興物'이자 개인의 삶의 근심을 잊게 해주는 양약인 '망우물忘憂物'이었다. 더욱이 술은 온종일 고단한 농사일에 지친 농부에게 육체적인 고통뿐만 아니라 심리적인 고단함까지 덜어주는 효능을 발휘하여 하루의 피로를 말끔하게 풀어주는 청량제이기도 했다.[62]

---

62 윤석우, 「음주시에 나타난 중국시인의 정신세계–도연명, 이백, 백거이를 중심으로–」(서울: 연세대 중문과 박사논문, 2004), 1쪽.

천고의 시름을 씻고자,

눌러 앉아 백 항아리의 술을 마시노라.

좋은 밤은 맑은 담론을 나누기 좋으니,

밝은 달빛에 잠들 수 없구나.

술 취하여 빈산에 누우니,

하늘과 땅이 이불이요 베개로다.

滌蕩千古愁

留連百壺飮

良宵宜淸談

皓月未能寢

醉來臥空山

天地卽衾枕

　　당나라를 대표하는 달과 술의 시인이었던 이백李白(701~761)은
「우인회숙友人會宿」에서 밝은 달빛이 환하게 비치는 곳에 자리를
잡고 마음에 꼭 맞는 벗들과 함께 밤새워 호탕하게 술을 마시면
서 재미난 이야기로 꽃을 피우다가 홀연히 취하여 하늘을 이불로
삼고 땅을 베개로 삼아 드러누웠다고 노래한다. 이백이 술을 마
신 이유는 천고의 시름을 씻기 위한 것이다. 그렇다면 '천고의 시
름'이란 무엇인가? 여기서 '천고의 시름'은 단순히 일시적인 근심
이 아니라 생명을 지닌 인간이라면 누구나 어쩔 수 없이 짊어져야

하는 근원적인 시름을 말한다.[63] "술 취하여 빈산에 누우니, 하늘과 땅이 이불이요 베개로다."라고 읊조린 이백의 주객일체의 경지는 진묵대사가 득도의 경지에서 읊조린 "하늘 이불 땅 자리 산 베개요, 달 촛불 구름 병풍 바다 술통이로다."를 연상케 한다. 이는 이백의 취선醉仙과 시선詩仙의 오묘한 경지를 엿볼 수 있게 하는 대목이다.

진묵대사는 술을 아주 좋아하였다. 왜 진묵대사는 술을 그토록 좋아하였을까? 모든 사람이 다 그런 것은 아니지만, 사람에 따라서는 술 마시는 것도 도를 닦는 수행의 방편일 수 있다. 천지만물과 하나가 되는 신묘한 경지는 술과 깊은 관련이 있기 때문이다. 예로부터 술은 세계와 인간이 근원적 통일성을 이루는 데 원천으로 작용했다. 고대인의 정신경지를 이해하는 데 있어 술은 매우 중요한 의미와 역할을 한다.

대사는 일찍이 술을 좋아하였다. 그러나 술을 곡차라고 하면 마시고 술이라고 하면 마시지 않았다. 어떤 중이 연회를 베풀기 위해 술을 거르는데 술의 향기가 진하게 풍기어 사람을 얼큰히 취하게 하였다. 대사는 지팡이를 짚고 가서 물었다. '그대는 무엇을 거르는가?' 중이 대답하였다. '술을 거릅니다.' 대사는 묵묵히 돌아왔다. 얼마 뒤에 또 가서 물었다. '그대는 무엇을 거르는가?' 중은 이전과 마찬가지로 대답하였다. 대사는 묵묵히 돌아왔다가 잠시 뒤

63 윤석우, 앞의 논문, 138쪽.

에 또 가서 물었으나, 중은 끝내 곡차라고 대답하지 않고 또 술을 거른다고 대답하였다. 대사는 드디어 실망하고 돌아왔다. 얼마 뒤 금강역사가 철퇴로 술 거르던 중의 머리를 내려쳤다.[64]

진묵대사는 주도酒道에 통하였다. 그러니 어디에서 어떻게 산들 걸림이 있으랴! 하지만 진묵대사는 결코 술을 마신 적이 없다. 왜냐하면 진묵대사는 술을 술이라 하면 마시지 않고 곡차라고 해야 비로소 마셨기 때문이다. 그러기에 진묵대사가 마신 술은 '술 아닌 술', 즉 술 아닌 곡차였던 것이다. 술과 곡차는 사실상 둘이 아니다. 술은 곡식으로 빚는 것이니, 술을 곡차라고 불러도 무방한 것이다. 그런데도 사람들은 술과 곡차를 굳이 둘로 나누어 분별을 한다. 진묵대사는 언어에 집착하는 사람들의 아집과 편견을 깨기 위해 역설적으로 술과 곡차를 구분한 것이다. 개념적 사유작용이 인간의 삶에 미치는 영향관계를 진묵대사가 얼마나 숙고했는가를 헤아려보게 만드는 대목이다.[65] 아무튼 오늘날 절에서 술을 곡차라고 부르는 것은 진묵대사의 이 설화에서 유래한다고 한다.

---

64 『진묵대사소전』, 49쪽. "師尙喜飮, 然謂之穀茶則飮, 酒云則不飮. 有僧設讌 漉酒, 酒香爛發, 芳烈醺人, 師鳩杖而往問曰: '汝漉什麼?' 僧曰: '漉酒.' 師默然而 返, 俄而往問曰: '汝漉什麼?' 僧答之如前. 師無聊而返, 須臾又往問之如前. 僧終不 對以穀茶, 又答之以下酒. 師遂斯望而返, 俄有金剛力士, 以鐵棒打漉酒僧."
65 김명선, 앞의 책, 30쪽.

진묵사상의 세 가지 특징

이상에서 살펴본 것처럼, 진묵사상은 세 가지 주요한 특성을 지니고 있다. 첫째, 진묵대사와 민중과의 관계이다. 진묵대사는 명리를 도외시하고 자기구원에만 집착하는 소승불교를 비판하고 중생을 제도하는 보살행을 행한 부처의 화신이었다. 일상생활과 실천수행의 '불이사상不二思想'을 몸소 실천한 것이다. 진묵대사는 승속불이僧俗不二의 삶을 충실하게 살았다. 세속에 머물러 살면서도 세속에 얽매이지 않았다. 세속에서 대중들과 함께하는 삶을 살면서도 개인의 자유로운 삶을 결코 포기하지 않은 위대한 자유인이었다. 진묵대사는 승려로되 승려가 아니었다.

둘째, 진묵대사와 가족과의 관계이다. 진묵대사는 일곱 살에 봉서사로 출가한 뒤에도 모친과 누이동생에 대한 지극한 정성과 배려를 아끼지 않았다. 부모와 자식 사이의 천륜과 동기간의 우애의 소중함을 누구보다 중시하였다. 특히 진묵대사의 어머니에 대한 지극한 효심은 생명을 중시하고 생명의 근본을 잊지 않고 사는 보은報恩의 삶이 무엇인가를 극명하게 제시한다. 진묵대사는 유자儒者보다 더 유자다운 삶을 살았다.

셋째, 진묵대사와 천지만물과의 관계이다. 진묵대사는 대도의 경지에서 천지만물과 일체가 된 '우주적 마음'을 지니고 인간생명뿐만 아니라 이 세계에 존재하는 모든 생명을 온몸으로 감싸 안

모악산

았다. 우주만물과 하나가 된 '천지일심天地一心'의 경지는 진묵대사가 자유를 얻게 된 진정한 원동력이다.[66] 진묵대사는 도인보다 더 도인다운 삶을 살았다. 진묵대사는 부자유한 존재로서의 인간이 부자유한 삶의 조건에서 진정한 자유가 어떻게 가능한가를 온몸으로 보여주었다.[67]

---

66 정륜, 앞의 글, 263쪽.

67 福永光司, 『魏晋思想史硏究』(東京: 岩波書店, 2005), 414쪽.

3. 진묵대사와 증산도

　진묵대사와 증산 상제는 각기 전라도 지역에서 '진묵 신앙'과 '증산 신앙'을 생겨나게 할 정도로 탁월한 '종교적 영웅'이었다. 전설과 설화로만 전해지는 진묵대사의 삶이 새롭게 조명되는 것은 증산 상제에 의해서다. 증산 상제는 신도세계의 차원에서 진묵대사를 선천세계의 상극문명의 분열을 종식하고 후천세계의 상생문명의 통일을 이루는 데 중추적인 역할을 하는 개벽일꾼으로 발탁한다. 그렇다면 진묵대사는 증산 상제와 어떤 인연이 있었던 것일까? 증산 상제와 진묵대사는 다음의 몇 가지 측면에서 떼래야 뗄 수 없는 깊은 인연을 맺고 있다.[68]

1) 진묵대사와 증산 상제의 인연

(1) 대원사의 인연

　대원사는 모악산母岳山 동쪽 기슭에 자리하고 있다. 고은이 「모

---

68 김방룡, 앞의 글, 152쪽.

악산」이란 시에서 "내 고장 모악산은 산이 아니외다. 어머니외다."라고 노래하는 것처럼, 모악산은 단순히 산이 아니라 모든 것을 다정하게 감싸 안는 어머니 같은 존재이다. 신영복은 『감옥으로부터 사색』에서 모악산이란 지명의 유래를 이렇게 설명한다.

> 모악산에는 어머니의 가슴에 머리 박고 젖 먹는 형상의 '엄바위'가 있어 이 산을 '엄뫼'라고 부르기도 하는데 이 엄바위에서 흘러내린 물이 젖줄이 되어 김제만경金提萬頃 넓은 벌을 적셔준다고 합니다. 이름 그대로 모악이며 엄뫼입니다.[69]

모악산은 호남평야의 젖줄에 의존해 살던 전라도 민초들의 삶의 모태이다. 김성환은 모악산이 성스러운 어머니 산이 될 수밖에 없는 다섯 가지 이유를 들고 있다. 첫째, 모악산은 아득한 고대로부터 세계의 중심이 되는 '우주산'으로 숭배를 받았다. 모악산의 옛 이름인 '큰 뫼'와 '엄뫼'에서 그 연원을 찾을 수 있다. 둘째, 모악산은 서왕모西王母, 즉 서방 성모의 산이었다. '모악母岳' 또는 '금산金山'의 지명에 그 흔적이 남아 있다. 셋째, 모악산 일대에는 마한 시대부터 신선사상의 뿌리가 깊었고, 그것이 백제 말까지 지속되었다. 넷째, 백제 멸망 이후 선도의 신격이 미륵으로 전환되며, 모악산이 우리나라 미륵사상의 거점이 되었다. 다섯째, 조선 중엽 이후 모악산 인근에서 선도수련의 기풍이 확산되었고, 이

에 뿌리를 둔 '개벽사상'이 일어났다.[70] 수많은 사람들이 이 모악산에서 후천개벽의 신천지를 꿈꾸었다.

어머니의 따사로운 품에 안겨 있는 대원사는 본래 고구려 보장왕 때 백제에 귀화한 보덕의 제자들인 일승, 심정, 대원 등이 670년에 창건한 절이다. 1597년 정유재란 당시에 전란으로 인해 불타버린 사찰을 1606년 진묵대사가 중창하였고, 1866년 박금곡이 중건하였다. 대원사의 대웅전에는 진묵대사의 영정影幀이 있다.

대원사의 '절 가난'과 감나무

대원사에는 진묵대사에 대한 설화가 많이 있다. 대원사는 대대로 형편이 몹시도 어려운 가난한 절이었다. 진묵대사가 대원사에 머물 때 그 절의 승려들이 진묵대사를 제대로 대접하지 않아 진묵대사가 대원사의 '절 가난'을 묶어놓았기 때문이라고 한다.

대사가 일찍이 대원사에 머무르고 있을 때 공양 때마다 밀기울만 물에 타서 먹었다. 여러 중들이 대사를 미워하고 박대하여 넉넉히 대접하지 않을 뿐만 아니라 또 그 밀기울을 더럽혔다. 갑자기 한 중이 밥을 가지고 공중에서 내려와 대사에게 드리니 대사가 말하였다. '밥을 보내는 것은 좋으나 몸소 가지고 올 필요가 뭐 있겠

---

70 김성환, 「전북 모악산은 어떻게 '성스러운 어머니 산'이 되는가?―선도의 맥락에서 보는 다섯 가지 성스러움의 계기」(도교문화학회:『도교문화연구』25집, 2006), 10쪽.

소?' 그 중이 말하였다. '소승은 현재 대둔사에 머물고 있는데 막 공양을 하려다가 바리때가 저절로 움직이므로 괴이하게 여겨 그것을 잡으니 신력에 이끌리어 여기에 이르렀습니다.' 대사가 비로소 공양을 청한 까닭을 말하니 중은 매우 이상하게 여기며 조석으로 공양을 드릴 것을 진심으로 원하며 절하고 나왔는데 순식간에 자기의 절로 돌아왔다. 이로부터 밥이 가고 바리가 오기를 4년이나 계속되었다. 대사는 여러 중들에게 말하였다. '너희들의 절은 앞으로 일곱 대에 걸쳐 액운을 만날 것이다.' 대원사는 과연 지금까지도 가난하다고 한다.[71]

대원사 전경. 이곳에 진묵대사의 진영이 모셔져 있다.

진묵대사가 수왕암에서 공부할 때 대원사에 내려

와 밥을 얻어먹었는데, 아무 일도 하지 않고 공밥을 먹는 것을 싫어한 대원사 승려들의 괄시가 심했던 탓에 진묵대사가 죽은 지 300년 동안이나 진묵대사의 '식한食恨'이 붙어 대원사의 감나무에 감이 하나도 열리지 않는 기이한 현상이 생겼다고 한다. 이 설화는 진묵대사의 초인적 도술조화의 능력과 동시에 범인의 일상적 정한情恨을 동시에 알려주고 있다. 우리는 이 설화에서 도력이 뛰어난 불세출의 고승조차도 원한의 불기운을 해소하기 어렵다고 보는 민중들의 생각을 읽어낼 수 있다.

금곡이 또 아뢰거늘 '대원사에 감나무가 많으나 감이

수왕암 진묵조사전…이곳에 진묵대사의 영정이 모셔져 있다.

하나도 열리지 않으니 감이 잘 열도록 해 주옵소서.'
하니 '이는 진묵이 원한을 품은 연고라. 명년부터는 감
이 잘 열리리라.' 하시거늘 과연 그 후로 감이 풍성하
게 열리니라. 그 후 금곡은 한평생 대원사 주지로 있다
가 93세가 되매 다친 허리가 재발하여 죽으니라.(『도전』
2:10:6-8)

증산 상제의 도통

증산 상제는 31세가 되던 1901년 6월 16일에 객
망리 집을 떠나 대원사 칠성각에서 수도에 전념
을 한다. 수도를 하던 어느 날 진묵대사의 영정이

대원사 칠성각

비바람이 부는 가운데 내리치는 불 칼에 의해 떨어지는 사건이
일어났다.

> 사람들의 근접을 일절 금하고 공부하시던 어느 날 밤, 비바람이
> 대작하고 불칼이 내리치는 가운데 크게 호령하시는 소리가 들리
> 거늘 금곡이 이튿날 아침에 나가 보고 증산께 아뢰기를 '칠성각에
> 서 봉안奉安된 진묵대사震默大師의 영정影幀이 마당에 떨어져 있
> 고 칠성각의 방향이 옆으로 틀어져 있습니다.' 하니 증산께서 '그
> 러냐' 하고 답하시는 순간 당우堂宇의 방향이 원래대로 돌아오니
> 라.(『도전』 2:5:1~3)

증산 상제는 진묵대사의 삶의 발자취가 남아 있는 대원사에 간
지 보름 만인 1901년 7월 초하루부터 식음을 전폐하고 자리를 잠
시도 떠나지 않은 채 이레 동안에 수도에만 전념한다. 그리하여
대원사 칠성각에서 공부한 지 스무 하루 만인 7월 7일에 마침내
인류 역사상 처음으로 인간이 우주만물의 주체가 되어 천지대세
를 바로잡는 무극대도의 도통을 이루었다.(『도전』 2:11)

(2) 화신불과 미륵불의 인연

증산 상제와 진묵대사는 미륵불과 화신불의 관계를 이룬다. 진
묵대사는 민초들로부터 석가모니 화신불로 추앙을 받았다. 뿐만
아니라, 진묵대사 자신도 석가모니의 화신불임을 암시하였다. 증

산 상제는 우주생명의 통치자이자 주재자인 옥황상제로서 조화권능을 통해 우주생명을 개벽하여 우리가 살고 있는 이 현실세상을 용화세계로 건설하려는 '미륵불'이자 '혁신불'이다.(『도전』 3:84:4) 미륵불은 석가모니가 미처 구제하지 못한 중생들을 제도하기 위해 인간 세상에 몸소 내려온 '개벽장開闢長'(『도전』 4:3:2)이다.

좌불과 유불

하루는 상제님께서 형렬에게 '애기부처를 조성하라.' 하시며 말씀하시기를 '너는 삭발하고 중이 되라. 불지양생佛之養生이니 불佛로써 깨치라.' 하시고 '너는 좌불坐佛이 되어 집을 지켜라. 나는 선불仙佛이 되어 왕래를 임의로 하리라.' 하시니라.'(『도전』 5:186:5-7)

증산도에서 석가모니와 미륵불은 '좌불坐佛'과 '유불遊佛'의 관계를 지니고 있다. "또 구릿골 한공숙韓公淑의 집에 계실 때 형렬에게 말씀하시기를 '너는 좌불坐佛 되어 처소를 잘 지키라. 나는 유불遊佛이 되리라.'하시니라."(『도전』 2:111:2)가 바로 그것이다. 후천의 미륵불은 선천의 석가불처럼 좌선을 하면서 가만히 앉아 있는 것이 아니라 세상을 개벽하고 생명을 구제하기 위해 온힘을 다해 적극적으로 돌아다니는 살아 움직이는 역동적 존재이다.[72]

'유불'은 또한 '선불仙佛'의 개념과 동일하다. '선불'은 말 그대로

---

72 안경전, 『개벽 실제상황』(서울: 대원출판사, 2005), 88쪽.

'신선 부처'라는 뜻으로 선도의 조화권능을 지닌 부처를 말한다. 다시 말해 '신선 부처'는 모든 것을 뜻대로 할 수 있는 여의주如意珠를 지니고서 온갖 창조적 변화를 자유자재로 부릴 수 있는 탁월한 권능을 지닌 '조화부처'로서 천지만물의 자연조화를 주재하는 조화주를 가리킨다.

석가모니 화신불인 진묵대사와 미륵불인 증산 상제의 이런 인연이 증산 상제가 천지공사의 조화정부를 구성할 때 선천의 불교 종장인 석가모니를 대신해 후천의 불도 종장으로 임명하는 계기가 된다.

(3) 변산의 인연

진묵대사는 미륵불의 강림을 간절히 소망했던 신라시대 진표율사와 동향인이다. 진묵대사와 진표율사는 모두 전라북도 김제 만경출신인데, 전라도를 대표하는 위대한 두 고승이다.

> 오성산 도장에서 태모님을 모시던 전준엽, 강재숙, 진기찬 등 여러 성도들도 허망한 마음을 가눌 길이 없어 방황하다가 서로 의논하기를 '우리도 진표율사와 진묵대사가 변산에서 공부했고 상제님께서도 변산 개암사를 다니셨으니 우리도 도통하려면 변산에 가서 공부를 해야 한다.'하며 변산으로 향하니라.(『도전』11:420:5-6)

변산은 해가 뜨는 아침보다는 일몰이 더 돋보이는 곳이다. 온종

일 부산하게 움직이던 해가 온몸으로 노을을 불태우며 서해 바다로 떨어지는 낙조의 풍광이 일품이기 때문이다. 해질녘 바다 기운은 대낮보다 훨씬 더 청량하다. 그렇다면 변산의 '낙조落照의 풍경'은 도대체 우리의 삶에 어떤 의미를 던져주는 것일까? 도통 공부를 하려면 왜 하필 변산에 가야만 하는 것일까?

변산의 낙조 풍경

황혼녘은 모든 것이 제자리를 찾아 돌아가는 때이다. 해는 노을을 불태우며 서산으로 돌아가고, 새는 먹이를 찾아 분주하게 돌아다니다가 보금자리를 찾아 돌아간다. 농부는 힘겨운 논일을 끝내고 어깨엔 쟁기를 매고 손엔 고삐를 쥐고 얼룩 배기 황소를 몰며 달빛을 동무 삼아 콧노래를 흥얼거리면서 집으로 돌아간다. 어디 농부뿐이랴! 천지만물이 한나절 분주하게 살았던 하루의 일과를 무사히 마치고 제 쉼터로 되돌아가는 때이다.

노을이 마을에 비쳐드니,
외진 골목길에 양떼 소떼 돌아오네.
시골 늙은이 목동을 생각하며,
지팡이 짚고 사립문에서 기다리네.
장끼가 우니 보리 싹 돋아나고,
누에가 잠자니 뽕잎이 드무네.
농부들 호미 매고 돌아오다가,

만나서 정겹게 이야기 나누네.

이런 한가로움이 부러워,

안타깝게도 식미가를 읊조리네.

斜光照墟落

窮巷牛羊歸

野老念牧童

倚仗候荊扉

雉鴝麥苗秀

蠶眠桑葉稀

田夫荷鋤至

相見語依依

卽此羨閑逸

悵然吟式微

송대의 소동파蘇東坡(1036~1101)가 "그림 속에 시가 있고, 시 속에 그림이 있다."(畵中有詩, 詩中有畵^{화정유시 시중유화})고 높게 평가한 당나라의 시인 왕유王維(699~759)는 「위천전가渭川田家」에서 초여름 농촌의 저녁 풍광을 담백하게 그려내고 있다. 시인은 평범한 경물과 담담한 정감 속에서 때로는 분명하게 때로는 암묵적으로 우주만물의 돌아감(歸^귀)을 부각하고 있다. 해질 무렵에 온 천하를 붉게 물들이는 낙조落照의 돌아감, 소와 양의 돌아감, 농부의 돌아감 등이다. 또한 "장끼가 우니 보리 싹 돋아나고, 누에가 잠자니 뽕잎이 드무네."도 돌아감과 밀접한 연관성을 맺고 있다. 장끼는 짝을 불러 둥지를 만들고, 누에는 동면에서 깨어나 실을 뽑아내고 고치가 된다. 이렇듯 미천한 생물들도 모두 누가 가르쳐 주지 않건만 자신이 찾고 추구해야 할 귀착점을 알고 있다.[73] 산 그림자가 무겁게 드리우는 해질녘은 모든 것이 제 본향本鄕을 찾아 돌아가는 때이다. 여기에는 '원시반본原始返本'의 오묘한 뜻을 품고 있다. 원시반본이란 모든 생명이 우주만물의 시초를 살펴서 그 근본으로 돌아간다는 뜻이다.[74]

변산은 단순히 보통의 땅이 아니다. 원효대사, 부설거사, 진표대사, 진묵대사 등 우리나라를 대표하는 뛰어난 고승들이 찾아와서 세상을 구제하기 위해 불도를 닦은 곳일 뿐만 아니라 후천세상의 신천지를 열기 위해 노력한 사람들이 하늘과 땅과 사람을 하나로 연결하고 소통케 하는 '중통인의中通人義'(『도전』 2:22:3)의 도통 공부를 한 곳이기 때문이다. 제자리와 제 모습을 찾아 "처음처럼 또다시 돌아가려고" 애쓰는 사람이나 세상을 구하겠다고 나선 진정한 구도자라면 누구나 한번은 찾아가서 도통 공부를 하는 길지吉地가 바로 변산이다.

---

73 황희평편집, 서은숙 옮김, 『시는 붉고 그림은 푸르네』(서울: 학고재, 2003), 160쪽.

74 유철, 「증산도의 '원시반본' 사상과 개벽」(증산도 상생문화연구소: 『증산도 사상』 제2집, 2000), 113쪽.

미륵 하생신앙의 발상지

변산은 또한 우리나라의 미륵 하생신앙의 발생지이자 성지다. 미륵이 이 세상에 내려와 불교의 이상세계인 용화세계로 중생을 인도할 것이라는 미륵 하생신앙이 처음으로 뿌리를 내린 곳이기 때문이다. 진표대사는 변산의 부사의방장不思議方丈에 들어가 온몸을 돌로 두들기며 간절히 참회하는 '망신참법亡身懺法'이란 혹독한 수행 끝에 끝내 미륵불을 친견하는 천재일우千載一遇의 행운을 얻었다.(『도전』 1:7) 한국 미륵신앙의 효시가 이 진표대사의 미륵불 친견사건으로 비롯된다. 이는 수운이 오랜 수도생활 끝에 마침내 옥황상제를 친견한 천상문답사건과 견줄 만한 놀라운 사건이다. 한국 종교사에서 두 사람은 우주의 주재자를 직접 만난 대표적 인물이다. 진표대사는 이후 모악산 금산사에 미륵불을 조성하고 우리 역사에서 미륵신앙이 뿌리를 내리게 하는 데 결정적인 역할을 한다.

2) 진묵대사의 사명

일상적인 세상 논리에서 보면, 진묵대사는 깨침을 얻은 고승대덕으로서 한세상을 초연하게 살다가 사바세계의 흙먼지를 툴툴 털고 미련 없이 저 세상으로 돌아갔을 것으로 생각할 수 있다. 그러나 앞서 살펴본 것처럼, 진묵대사의 죽음에는 비화가 있다. 진묵대사는 천상문명을 지상에다 이식하기 위해 '시해선'으로 천상에 올라간 사이에 유학자 김봉곡의 시기심과 질투심으로 인해 몸이 불타 죽은 것이다. 진묵대사의 죽음에 얽힌 이 비화는 진묵대사와 증산도 사상과의 연계성을 검토하는 데 매우 중요한 시사점을 던져준다. 그렇다면 어떤 시사점을 던져주는 것일까?

첫째, 선천 시대의 한계상황을 극명하게 보여준다. 선천 시대는 상극의 질서가 지배하는 세상이기 때문에 모든 것이 갈등과 대립의 관계를 유지할 수밖에 없다. 상극의 이치가 지배하는 선천세계에서는 아무리 절친한 친구 사이일지라도 시비와 경쟁이 불가피하다. 진묵대사와 김봉곡 사이의 대립과 반목은 특히 종교 간의 긴장관계를 형상화하고 있다. 이는 갈등과 투쟁으로 점철된 선천 종교의 분열상황을 넘어설 수 있는 새로운 통일문명의 필요성을 간접적으로 암시하고 있다. 진묵대사는 천상문명의 묘법을 지상에 받아내려 현실세상을 지상낙원으로 만들고자 하는 간절한 염원과 소망을 지니고 있었다.

둘째, 원한의 문제다. 사람의 원한은 참으로 무섭다. 특히 여자의 피맺힌 원한은 오뉴월에도 서리를 내리게 한다고 하지 않는가. 증산 상제는 한 사람의 원한이 우주만물의 자연질서조차도 무너뜨릴 수 있는 가공할 파괴력을 지니고 있다고 한다. 하지만 원한을 무조건 적대시할 필요는 없다. 왜냐하면 원한이 엄청난 폭발력과 파괴력을 지니고 있는 것은 사실이지만 그것을 어떻게 승화하느냐에 따라 인간 삶의 차원이 달라질 수 있기 때문이다. 진묵대사의 원한은 긍정적 원한의 대표적인 경우라고 하겠다. 왜냐하면 진묵대사의 원한은 인류의 새 문명을 건설하는 초석이자 발판이 되기 때문이다.

셋째, 진묵대사는 '시해선'을 통해 천상의 신명계와 지상의 인간세를 자유자재로 오갈 수 있는 신통한 도술조화의 능력을 갖고 있었다. 진묵설화에는 진묵대사가 다양한 도술조화의 능력을 보여주는 여러 가지 일화가 전해진다. 그 중에서도 특히 합천 해인사의 화재를 막은 일화는 진묵대사의 도통력이 얼마나 뛰어난 것인지를 보여주는 아주 흥미로운 사건이다.

> 하루는 대사가 물을 찾자 시자가 미지근한 쌀뜨물을 갖다 드리니 대사가 그것을 받아 입에 두어 모금 머금고 동쪽을 향하여 내뿜었다. 뒤에 들으니, 합천 해인사에 불이 나서 다 타버릴 뻔하였는데 갑자기 한 바탕 소나기가 서쪽으로부터 쏟아져 그 불을 껐고, 희뿌연 빗방울이 물체에 엉겨 붙어 얼룩이 졌다고 한다. 해인사에 불이 나던 날이 바로 대사가 물을 내뿜던 때이다.[75]

어느 날 진묵대사가 느닷없이 다급하게 물을 찾았다. 시봉을 드

---

75 『진묵대사소전』, 71쪽. "一日, 大師索水, 侍者進溫泔水, 師接之含數口, 向東方噀之. 後聞陜川海印寺失火, 將至沒燒, 忽有一陣驟雨, 自西而至, 注滅之. 其雨滴白濁, 粘物成癍. 其寺失火之日, 乃寺噀水之時也."

는 제자가 미지근한 쌀뜨물을 갖다 드렸다. 그러자 진묵대사가 입에 쌀뜨물을 두어 모금 머금고 동쪽을 향해 내뿜어 멀리 떨어진 합천 해인사의 불길을 껐다고 한다.

이런 신비스러운 일도 있었다. 진묵대사가 신묘한 조화를 부려 하늘에 떠 있는 북두칠성을 가두었다 한다.

> 상제님께서 말씀하시기를 '해와 달의 운행이라도 네가 명만 내리면 운행을 멈추느니라.'하시니라. 창조의 집에 이르시어 벽력표霹靂表를 묻으시니 즉시 우레가 크게 일어나며 천지가 진동하거늘 곧 거두시고 이튿날 구릿골 약방으로 가시니라. 약방에 이르시니 신원일이 여쭈기를 '진묵대사가 칠성을 이레 동안 가두었다 하니 사실입니까?'하거늘 '이제 시험하여 보리라'하시고 이 날부터 석 달 동안 칠성을 가두시고 말씀하시기를 '이 세상에 천문학자가 많다 하나 칠성이 나타나지 않은 일을 발표한 자가 없도다.'하시니라.(『도전』 3:277:6-10)

진묵대사는 북두칠성의 빛을 감출 수 있을 정도로 뛰어난 도통력과 신통력을 지닌 인물이다. 또한 지는 해를 잡아 칠흑같이 어두운 밤길을 걸어가는 누이의 앞길을 밝혔다는 설화도 전해진다.[76] 진묵대사의 이런 설화들은 도술조화로써 민중들의 삶의 고통을 구제하는 불세출의 영웅적 모습을 보여준다.

---

76 김명선, 앞의 책, 217쪽.

증산 상제의 도통을 계승한 고수부(1880~1935)는 진묵대사의 도통을 다음과 같이 인정한다.

> 태모님께서 말씀하시기를 '신인합발神人合發이라야 하나니 신통해서 신명 기운을 받아야 의통이 열리느니라.'하시고 '의통을 하려면 활연관통을 해야 하고, 활연관통에 신통을 해야 도통이 되느니라. 도도통이 활연관통에 있느니라.' 하시니라. 또 말씀하시기를 '도통을 하려면 진묵震默과 같은 도통을 해야 하느니라.' 하시니라.(『도전』 11:286:1~4)

진묵대사의 사명과 증산도 사상

진묵대사의 사명은 증산도 사상과 관련하여 볼 때 다음과 같은 특성이 있다. 선천세계와는 다른 후천세계의 신천지와 신문명을 어떻게 건설할 수 있는가 하는 문제가 바로 그것이다. 석가모니의 화신으로서 미륵불을 도와 우리가 살고 있는 이 땅위에다 새롭게 여는 지상낙원으로서의 '용화세계龍華世界'의 건설, 중생과 함께 하면서도 그 무엇에도 걸림이 없는 참 자유의 실현, 도술 조화로 이루어지는 후천 통일문명의 건립이 바로 그것이다.

이런 맥락에서 증산 상제는 후천의 새 세상을 건설하는 데 진묵대사의 소임이 너무도 막중하다고 한다. "내 세상에 진묵의 소임이 막중하니 장차 천하 사람들의 공경을 받으리라."(『도전』

6:103:6) 그렇다면 후천의 새 세상을 건립하는 데 있어 진묵대사가
맡은 사명은 과연 무엇일까?

(1) 후천개벽과 조화문명

증산 상제는 스스로 인간 세상에 내려온 미륵불임을 강조한다.
미륵불이자 혁신불로서의 증산 상제는 석가모니를 대신해 진묵
대사를 후천의 새 세상을 건설하는 후천 개벽의 지도자로 삼는
다. 즉 후천의 통일문화를 건립하기 위해 기획한 천지공사의 조화
정부에 진묵대사를 불교의 종장으로 임명한다. 증산 상제가 진묵
대사를 불도의 종장으로 삼은 것은 무엇 때문일까?

선천종교의 종장 교체와 통일문명

증산 상제는 후천의 조화문명을 건립하기 위한 구체적인 방안
으로 선천세계의 종교와 문명에 중요한 역할을 수행하던 유교의
공자, 도교의 노자, 불교의 석가모니, 기독교의 예수 등의 인사교
체를 단행한다.

선도와 불도와 유도와 서도는 세계 각 족속의 문화의 근원이 되었
나니 이제 최수운은 선도의 종장宗長이 되고 진묵은 불도의 종장이
되고 주회암은 유도의 종장이 되고 이마두는 서도의 종장이 되어
각기 그 진액을 거두고 모든 도통신道統神과 문명신文明神을 거느려
각 족속들 사이에 나타난 여러 갈래 문화의 정수精髓를 뽑아 모아

통일케 하느니라. 이제 불지형체佛之形體 선지조화仙之造化 유지범절儒之凡節의 삼도三道를 통일하느니라. 나의 도道는 사불비불似佛非佛이요 사선비선似仙非仙이요, 사유비유似儒非儒니라. 내가 유불선 기운을 쏙 뽑아 선仙에 붙여 놓았느니라.(『도전』 4:8:1-9)

동아시아의 유불선 삼도와 서양의 서도는 세계 각 족속들의 문화의 근원을 이루었다. 증산 상제는 선천문화의 모든 정수를 하나로 모아서 새롭게 소통시키고자 한다. 증산 상제는 선천 선도의 종장으로 있던 노자 대신에 최수운을 후천 선도의 종장으로, 선천 유도의 종장으로 있던 공자 대신에 주회암을 후천 유도의 종장으로, 선천 불도의 종장으로 있던 석가모니 대신에 진묵을 후천 불도의 종장으로, 이마두를 서도의 종장으로 삼았다. 그것은 증산 상제가 선천 문화의 지역적 갈등과 대립을 해소하여 후천의 새 통일문화를 열기 위한 것이다. 다시 말해 여러 갈래로 나누어진 각 지역문화의 진액만을 끌어 모아서 통일문화를 형성할 수 있는 방안을 마련하기 위한 것이다. 동서양 인류문명의 모든 법을 하나로 합하여 쓰는 '무극대도無極大道'(『도전』 1:8:22)가 바로 그것이다.

지난 임진왜란에 정란靖亂의 책임을 '최풍헌崔風憲이 맡았으면 사흘 일에 지나지 못하고 진묵震默이 맡았으면 석 달을 넘기지 않고 송구봉宋龜峯이 맡았으면 여덟 달 만에 끌렸으리라.'하니 이는 선도와 불도와 유도의 법술法術이 서로 다름을 이름이라. 옛적에는 판이 적고 일이 간단하여 한 가지만 따로 쓸지라도 능히 난국을 바로잡을 수 있었으니 이제는 판이 넓고 일이 복잡하므로 모든 법을 합하여 쓰지 않고서는 능히 혼란을 바로잡지 못하느니라.(『도전』 4:7:1-6)

선천세계에서는 판이 적고 일이 간단하여 한 가지 방책만으로도 인간사회의 문제점을 바로잡을 수 있었다. 하지만 지금 세계는 판이 넓고 일이 복잡하므로 모든 방법을 합하여 쓰지 않고서는 혼란을 해결할 수 없는 지경에 이른 것이다. 후천의 통일문명의 시대를 열기 위해서는 동서양의 모든 문화를 융합할 수 있는 새 방안을 모색해야 한다.

모든 것이 제자리와 제 모습을 찾아 가는 원시반본의 시대(보은의 시대, 해원의 시대, 상생의 시대)를 맞아 진묵대사는 신천지 개벽공사, 즉 천지공사에 가장 적합한 인물의 하나로 선정된다. 앞서 언급한 것처럼, 진묵대사는 석가모니의 화신으로서 불교도였다. 하지만 진묵대사의 사상에는 삼교의 관점이 함께 들어 있다. 진묵대사는 불도의 관점에서 유도와 선도를 포괄함으로써 삼교합일을 추구한 것이다.

진묵대사가 석가모니 대신에 후천의 불교종장으로 임명된 것은 아마도 증산 상제가 진묵대사의 삼교합일의 정신을 높이 샀던 것으로 보인다. 증산 상제가 진묵대사를 포함한 선천세계의 종교종장을 새롭게 교체한 것은 동서문명을 하나로 통섭함으로써 후천의 통일문화를 만들기 위한 것이다. 아래에서 우리는 진묵대사와 후천의 통일문명의 관계를 천지공사의 삼대이념-보은, 해원, 상생-에 초점을 맞추어 설명하려고 한다.

(2) 보은으로 보는 조화문명

진묵대사의 효심은 생명의 근원에 대한 외경과 존숭에서 비롯된다. 이는 천지공사의 삼대이념의 하나인 보은의 측면에서 새롭게 조명될 수 있다. 증산 상제는 모든 생명이 제 뿌리를 찾아 되돌아가는 원시반본의 시대를 맞아 생명의 근원적 은혜에 보답할 것을 강조한다. 진묵대사의 지극한 효심은 후천 개벽기 인류구원의 문제와 매우 깊은 연관성을 지니고 있다. 그렇다면 진묵대사의 효심과 증산도의 보은은 어떤 관계가 있는가?

존귀한 생명과 조상의 은덕

인간은 자연의 일원이면서 동시에 가정의 일원으로 태어난다. 인간은 자연을 떠나서 살 수도 없지만, 가정을 떠나서 살 수도 없다. 가족의 보살핌이 없다면, 인간이 인간으로 존재할 수 없다. 그렇기 때문에 유교에서는 부모님이 돌아가셨을 때 삼년상을 치르는 의례를 만들었다. 적어도 3년은 부모의 도움을 받아야 비로소 인간으로 행세할 수 있기 때문이다. 이렇듯 유교는 인간이 인간으로서 부모의 은혜에 보답해야할 최소한의 도리를 3년으로 본 것이다.

『효경』에서 말하는 것처럼, 인간은 부모가 없으면 태어날 수 없고 만물은 천지가 없으면 생겨날 수 없다. 그러기에 만물의 하나인 인간은 두 부모를 모시고 산다. 천지부모와 인간부모이다. 천지부모가 인간의 보편적 부모라고 한다면, 인간부모는 우리 각 개인의 생명을 낳아주고 길러준 개체적 부모라고 할 수 있다. 피와 살과 기를 주어 이 땅에 한 생명체로 태어나게 해준 것은 바로 인간부모의 공덕이다. 인간부모는 바로 인간생명의 뿌리인 제 조상과 부모를 말한다.

이 세상에서 누가 무어라 해도 가장 존귀한 것은 바로 인간의 생명이다. 인간이 이 세상에 태어나는 것은 낙타가 바늘귀를 통과하기보다 더 어렵다. 『열반경涅槃經』에 '맹귀우목盲龜遇木' (盲龜浮木)이란 말이 있다. 넓고 넓은 망망한 바다에 눈먼 거북이가 살고 있는데, 이 거북이는 백년 만에 한번 씩만 물위에 머리를 내밀 수 있다. 이 때, 눈먼 거북이가 광활한 바다를 떠도는 한 개의 구멍 뚫린 나무토막을 만나면 잠시 거기에 목을 넣고 쉴 수 있다. 그러나 눈먼 거북이가 나무토막을 만나지 못할 경우에는 다시 물속으로 들어가서 백년이 되기를 다시 기다려야 한다. 눈먼 거북이와 바다를 떠도는 나무토막이 서로 만날 수 있는 확률은 아주 드물다. 이 말은 인간이 이 세상에 생명으로 태어나기가 얼마나 어려운가를 망망한 바다에서 눈먼 거북이가 물에 둥둥 떠다니는 나무 조각을 만나는 것에 비유한 말이다.

인간이 세상에 태어나는 것은 하늘에서 거저 주어지는 것이 아니다. 대학 입시생이 대학에 들어가기 위해 촌음寸陰을 아껴 공부에 매진하는 것처럼, 하늘이 사람을 태어나게 할 적에도 무한한 공부가 필요하다. 또한 조상과 부모가 밤낮없이 두 손 모아 빌고 빌어준 그 한없는 공덕에 의해 자손과 자식이 태어난다.

하늘이 사람을 낼 때에는 무한한 공부를 들이나니 그러므로 모든 선령신先靈神들이 쓸 자손 하나씩 타내려고 60년 동안 공을 들여도 못 타내는 자도 많으니라. 이렇듯 어렵게 받아 난 몸으로 꿈결같이 쉬운 일생을 어찌 헛되이 보낼 수 있으랴.(『도전』 2:119:1-3)

모든 인간은 천상의 조상들이 지상의 부모와 협력하여 60년 동안 지극한 공을 들여서 만든 고귀한 열매다. 조상과 부모는 지금 여기에 살고 있는 나라는 존재의 바탕이다. 인간을 포함한 모든 생명체의 몸에는 옛 선조들의 흔적이 들어 있다. '나'라는 사람의 몸은 선조들의 살아 있는 유적이기 때문이다. 살아 있는 '나'라는 단수는 모든 선조들의 몸이 합쳐진 복수의 몸이다. 그러므로 '나'라는 살아 있는 몸 안에는 그동안 죽은 모든 선조들이 동거하고 있다.[77] 이렇듯 모든 인간은 자신의 조상들과 떨어질 수 없는 밀접

---

77 김기택, 『시와 몸과 그림』(서울: 뿔, 2008), 27쪽.

한 연관관계를 맺고 있다.

조상과 부모는 후손과 자식을 낳아놓곤 온 세상을 다 얻은 듯이 덩실덩실 어깨춤을 추면서 기뻐하고 진자리 마른자리 갈아 뉘며 애지중지 길러준다. 모든 것을 다 주어도 조금도 아깝지 않게 여기는 조상님과 부모님의 그 헤아릴 길 없는 높고 넓은 마음을 생각해 보라. 하늘같이 높은 아버님의 은혜와 땅같이 넓은 어머님의 은혜를 어찌 다 갚을 수 있겠는가? 그러니 천지를 섬기고 모시는 마음으로 인간부모를 공경해야 한다.

부모를 경애하지 않으면 천지를 섬기기 어려우니라.(『도전』 2:26:4)

부모와 천지는 모두 생명의 은인이라는 측면에서 같다. 인간이 이 세상에 생명으로 태어나게 된 것은 조상과 부모의 은덕이기 때문에 조상의 제사를 곡진하게 지내고 부모를 진심으로 공경하는 것은 너무도 당연한 일이다. 그런데 무엇보다 중요한 것은 조상신을 모시고 부모를 공경하는 일이 바로 천지의 공덕과 일치하는 창조적 행위라는 사실이다. "사람이 조상에게서 몸을 받은 은혜로 조상 제사를 지내는 것은 천지의 덕에 합하느니라."(『도전』 2:26:10)라는 말이 바로 그것이다.

조상신은 자신의 하느님

여기서 우리가 주목해야 할 사실이 있다. 그것은 자손에게 있

어 조상신은 후천개벽 시대의 새 운수의 길로 접어들 수 있게끔
하는 하느님 같은 존재라는 사실이다.[78]

> 만성 선령신萬姓 先靈神들이 모두 나에게 봉공奉公하여 덕을 쌓음
> 으로써 자손을 타 내리고 살길을 얻게 되나니 너희에게는 선령先
> 靈이 하느님이니라. 너희는 선령을 찾은 연후에 나를 찾으라. 선령
> 을 찾기 전에 나를 찾으면 욕급선령辱及先靈이 되느니라. 사람들
> 이 천지만 섬기만 살 줄 알지마는 먼저 저희 선령에게 잘 빌어야 하
> 고, 또 그 선령이 나에게 빌어야 비로소 살게 되느니라. 이제 모든
> 선령신들이 발동發動하여 그 선자선손善子善孫을 척신隻神의 손
> 에서 건져 내어 새 운수의 길로 인도하려고 분주히 서두르나니 너
> 희는 선령신의 음덕蔭德을 중히 여기라. 선령신은 그 자손줄을 타
> 고 다시 태어나느니라.(『도전』 7:19:1-6)

우주만물이 제 뿌리로 돌아가는 원시반본의 시대에는 자손의
역할에 따라 조상의 운명이 달라질 수 있다. 뿌리가 튼튼해야 가
지와 줄기도 살 수 있는 것처럼, 후천 개벽기에 후손이 자기 생명
을 유지하지 못한다면 오랫동안 조상이 후손을 위해 쌓은 공든
탑도 물거품이 되고 말기 때문이다. 자신의 생명을 살리는 것이
곧 조상신의 생명을 살리는 지름길인 것이다. 모든 것이 제자리를
찾아 돌아가는 원시반본의 시대에는 자손이 조상을 살리기 위해

---

78 안운산, 『가을 세상으로 넘어가는 생명의 다리』(서울: 대원출판사, 2006),
15쪽.

서라도 생명을 살리는 일에 최선의 노력을 아끼지 말아야 한다.

증산도에서 보은은 천지공사를 실현하는 제일의 원리다. 모든 것이 제 뿌리를 찾아 돌아가는 후천 개벽기에는 생명의 근원에 대한 보답을 통해 인간도 제 조상의 뿌리를 찾아 돌아가지 않으면 안 된다. 보은은 단순히 조상의 은혜를 잊지 않는 차원에 머물지 않는다. 진정한 보은은 자신도 살고 선령신도 살 수 있는 방안을 강구하는 데 있다. 후천 개벽기에 살아남은 자손의 생명줄이 이후 선령신의 생명줄과 이어지기 때문이다. 따라서 후천 개벽기의 진정한 효심은 후천개벽의 실제상황에서 자신이 살아남는 일이다. 이것이야말로 조상은혜와 선령신의 은혜에 참으로 보답하는 길이다.

(3) 해원으로 보는 조화문명

진묵대사의 원한 맺힌 죽음은 후천의 조화문명의 건설과 관련된다. 김봉곡과 진묵대사의 관계는 불법의 중흥이 유교의 방해로 실패한 것을 암시한다. 유교와 불교의 관계에서 볼 때, 불교의 참패라는 민중적 인식을 대변한다. 그런데 증산 상제는 신명계의 차원에서 천상문명을 지상에 건설하려는 간절한 염원을 품었던 진묵대사가 김봉곡에 의해 원한을 품고 죽은 뒤 동양의 도통신을 거느리고 서양문명의 발전에 역사하였다고 한다. 증산 상제는 진묵대사의 문명건설에 대한 웅장한 기개와 피맺힌 원한을 지상낙원의 조화문명 건설로 승화시키려 한다. 진묵대사에 대한 해원공사와 조화문명의 건립공사는 서로 밀접하게 맞물려 있다.

진묵대사는 평소 "각 지방 문화의 정수를 거두어 모아 천하를 크게 문명케 하"(『도전』 6:103:20)려는 숭고한 사명과 웅대한 포부를 갖고 있었다. 즉 지방문화의 정수를 모아 문명의 교류와 통일을 촉진시킴으로써 문명을 개화하고자 하였다. 그러나 진묵대사는 고루한 유자인 김봉곡에게 죽임을 당하여 그 원대한 뜻을 이루지 못하였다. 진묵대사는 "천상에 올라가 온갖 묘법(妙法)을 배워 내려 좋은 세상을 꾸미려 하다가 김봉곡에게 참혹히 죽은 뒤에 원을 품고 동양의 도통신을 거느리고 서양에 건너가서 문명 개발에 역사役事 하였"(『도전』 4:14:4~5)다. 죽어서도 그 사무치는 문명개화의 소망을 달랠 길 없던 진묵대사는 동양의 문명에 달통한 도통신을 거느리고 서양으로 건너갔다.

증산 상제가 타의에 의해 불행하게 죽은 진묵대사의 사건을 부각시킨 것은 선천 상극시대의 원한의 문제와 조화문명의 문제를 동시에 해결하기 위한 것이다. 아울러 종교와 문명의 새로운 회통과 화해의 필요성을 우주사적 차원에서 역설하는 중요한 의미가 들어 있다. 증산 상제는 진묵대사의 이승의 삶보다 저승의 삶을 더욱 높이 평가하고 있다. 왜냐하면 진묵대사는 마테오 리치 (1552~1610)를 뒤이어 동양의 문명신을 거느리고 서양으로 건너가서 서양문명이 비약적으로 발전하는 데 크게 기여하였을 뿐만 아니라 후천 조화문명을 여는 선봉장의 노력을 다하였기 때문이다.[79] 한 마디로 말해서 진묵대사는 마테오 리치 신부와 더불어 조화문명 건설의 화신이자 수호신이다.

진묵대사의 귀국과 문명해원

증산 상제는 서양의 기술문명이 동양보다 더 발전하게 된 것은 진묵대사가 서양에 건너가서 문명개화에 적극적으로 참여했기 때문이라고 한다. 우리는 진묵대사를 통해 문명개화에 대한 원한이 도리어 인류문명의 새 역사에 어떤 기여를 할 수 있는가를 확인할 수 있다. 증산 상제는 모든 생명의 원한을 풀어주는 해원시대를 맞아 진묵대사의 원한을 해소시킴과 동시에 문명건설을 이루려는 이중적 차원에서 '초혼공사招魂公事'를 통해 서양으로 떠나갔던 진묵대사의 귀환을 추진했다.

> 기유년 정월 초이튿날 대흥리에서 제수를 준비하여 성대하게 차리시고 성도들로 하여금 목욕재계하고 정성을 다하여 고축告祝을 하게 하시니 이러하니라.
> 祝文
> 維歲次己酉正月二日昭告

79 양우석,『천국문명을 건설하는 마테오 리치』(대전: 상생출판사, 2008), 82-84쪽.

化被草木賴及萬方

魂返本國勿施睚眦伏祝

南無阿彌陀佛

축문

기유년 정월 이일에 밝게 고하노라.

덕화는 초목에 이르기까지 입지 않음이 없고

이로움은 온누리에 미치었도다.

혼魂이 본국에 되돌아오니

조금도 원망치 말기를 엎드려 축원하노라.

나무아미타불(『도전』 6:103:1-3)

증산 상제는 해원의 차원에서 동양의 문명신을 거느리고 서양에 갔던 진묵을 불교의 종장으로 다시 불러들임으로써 조화선경의 건설에 역사하도록 한 것이다. "진묵이 봉곡에게 죽음을 당하고 동방의 도통신道統神을 거느리고 서양으로 건너가 서양의 문명을 열었나니 이제 다시 진묵을 동토로 불러와서 선경을 건설하는 데 역사하게 하니라."(『도전』 6:103:4-5)와 "이제 그를 해원시켜 고국으로 돌아가 선경 건설에 역사하게 하리라."(『도전』 4:14:6)가 바로 그것이다. 이 대목에서 우리는 증산 상제가 인류구원의 획기적인 프로젝트인 천지공사를 통해 '문명해원'의 공사를 벌임으로써 선경건설을 기획하고 있음을 읽어낼 수 있다.

진묵대사의 중대한 소임은 두 말할 필요도 없이 조화선경의 건설에 있다. 증산 상제는 진묵대사로 하여금 살아서 이루지 못한 인류문명의 통일의 꿈을 신명의 차원에서 성취할 수 있도록 배려한 것이다. 증산 상제는 진묵대사의 초혼공사를 통해 조화선경 건설의 주역들인 문명신들을 거느리고 떠나갔던 길을 따라 다시 옛 고향 땅을 찾아 되돌아오게 하는 '해원의 역사'를 벌인 것이다. 따라서 증산 상제에 의해 이루어지는 진묵대사의 해원은 '문명해원'에 그 중점이 있다고 하겠다.

(4) 상생으로 보는 조화문명

미물 중생인 물고기조차도 다시 살려내려는 진묵대사의 동체대비의 마음에서 우리는 나도 살고 남도 살리려는 상생의 숭고한 마음을 읽어낼 수 있다. 진묵대사는 중생들이 각기 자신의 생명을 지키며 자유롭게 살아갈 수 있는 생명수호의 방안을 제시한다. 무명의 업장을 벗기는 지혜야말로 생명수호를 실천에 옮길 수 있는 지름길이라는 것이다. 온 생명에 대한 애틋하고도 살뜰한 정을 지닌 진묵대사의 고결한 삶 속에서 생명을 수호하려는 살아생동하는 생불의 모습을 뚜렷이 볼 수 있다. 하물며 고통과 고난 속에 살아가는 뭇 대중이야 말해 무엇 하겠는가. 진묵대사는 조선의 백성을 무참하게 짓밟은 침략자 왜구조차도 어여쁘게 여겼던 부처의 화신이다.

상생의 길

진묵대사가 증산 상제의 천지공사의 대역사에 참여하여 조화 문명을 건설하는 일에 매진한 것은 모든 생명이 각자 자유롭게 살면서도 다른 생명과 어울려 조화를 이루며 살아갈 수 있는 상생의 세상을 만들기 위한 것이다. 오늘날 많은 사람들이 상생을 거론한다. 문제는 세상 사람들이 상생을 단순히 다른 사람과 함께 살아가는 공생共生을 뜻하는 것으로만 이해한다는 점이다.

그러나 상생의 참뜻은 단지 공생의 차원에만 머물지 않는다. 참된 의미에서의 상생은 갈등과 대립으로 점철된 선천의 상극세상을 어떻게 종식시킬 수 있느냐에 그 초점이 있다. 이 세계는 상극의 운수가 지배하는 세상이기에 인류 역사가 시작된 이래 한 순간도 전란과 분란이 일어나지 않은 때가 없었다. "선천에는 상극의 이치가 인간 사물을 맡았으므로 모든 인사가 도의道義에 어그러져서 원한이 맺히고 쌓여 삼계에 넘치매 마침내 살기殺氣가 터져 나와 세상에 모든 참혹한 재앙을 일으"(『도전』 4:16:2-7)킬 수밖에 없기 때문이다. 인류의 모든 비극과 고통은 바로 선천세계의 상극질서에서 비롯된다.

상생은 배은과 원한으로 사무친 상극의 굴레를 완전히 털어버리는 데서 비로소 발현될 수 있다. "지나간 선천상극先天相尅의 운運을 끝막"(『도전』 6:1:6)지 않으면 "후천 새 천지의 상생의 운수"

(『도전』 6:1:6)를 열 수 없다. 따라서 진정한 상생은 인간의 문명질서를 포함한 새 우주질서가 열리는 데서 발현된다. 그렇기 때문에 상극시대에서는 상생의 삶이 원천적으로 불가능하다.

진묵대사의 생명애호의 정신은 후천 개벽시대를 맞이하여 새롭게 전개된다. 하늘과 땅, 그리고 사람의 길이 하나로 연결되는 상생의 세상을 만들기 위해서는 배은과 원한으로 점철된 선천 상극세상을 그 뿌리에서부터 해소하지 않으면 안 된다. 진묵대사가 뭇 생명을 살리고 천하를 문명화하려고 했던 것은 증산 상제의 선천 상극세계를 넘어서 후천 상생세계를 개벽하려고 했던 천지공사의 기획의도와 딱 들어맞는 일이다. 증산 상제는 천지공사를 통해 진묵대사의 통일문명에 대한 갈망과 염원을 해원시킴으로써 우주의 모든 생명이 한 가족이 되어 더불어 살 수 있는 '우주일가'와 '세계일가'의 상생의 새 개벽세상을 열고자 했던 것이다.

도연명은 『논어論語』 「안연顔淵」의 "사해의 안은 모두 형제이다."(四海之內, 皆兄弟也.)라는 말을 수용하여 「잡시雜詩」 1수에서 만물의 관계를 다음과 같이 노래한다.

인생은 뿌리도 꼭지도 없이,
밭두렁의 먼지처럼 흩날리는 것.
흩어져 바람 따라 굴러다니니,
이 몸 이미 고정된 것 아니라네.

땅에 태어나면 모두 형제이거늘,

어찌 꼭 골육만을 친하게 여기랴!

즐거움 얻으면 응당 즐겨야 하리니,

말술로 이웃을 모으세.

한창 때 다시 오지 않고,

하루에 새벽 두 번 맞이하기 어렵네.

때맞춰 마땅히 힘써 즐겨야 하리,

세월은 사람을 기다리지 않으니.

人生無根蔕,

飄如陌上塵.

分散逐風轉,

此已非常身.

落地爲兄弟,

何必骨肉親.

得歡當作樂,

斗酒聚比鄰.

盛年不重來,

一日難再晨.

及時當勉勵,

歲月不待人.

이 땅에 태어난 모든 것들은 형제이기 때문에 피붙이만을 따로 친하게 여길 필요가 없다는 것이 도연명의 결론이다. 그렇다면 천지만물은 어째서 한 가족인가?『장자』는 「달생達生」에서 "천지는 만물의 부모이다."[80] 라고 하여, 이 세상의 모든 사물은 천지라는 한 부모 밑에서 태어난 동기간임을 분명히 하고 있다. 모든 생명체는 천지라는 한 부모 밑에서 같은 기운을 가지고 태어난 형제와 자매 사이인 것이다. 그러니 우리가 생명의 근원을 어찌 소중하게 여기지 않을 수 있겠는가!

만물을 동기간이라고 보는 것은 인류역사의 핵심과제의 하나인 가족 이기주의의 편협된 '혈연의 한계'[81]를 '우주의 혈연'관계를 통해 극복하기 위한 시도라고 볼 수 있다. 이 점은 증산 상제가 "사해四海 내에는 다 형제니라."(『도전』 8:93:5)라는 관점에서 우주 만물을 한 가족으로 만들려는 '우주일가宇宙一家'(『도전』 4:29:1)나 '세계일가世界一家'(『도전』 5:325:10)와 연결시켜 볼 수 있는 흥미로운 과제다.

(5) 침묵 깨트리기와 『도전』

진묵대사의 일차적 소임은 후천 개벽을 통해 온 생명을 한 가족으로 만드는 통일문화를 여는 데 집중되어 있다. 그러나 진묵대사의 소임은 여기에 머물지 않는다. 진묵대사의 또 다른 소임은 후천개벽의 통일문화의 진리를 담고 있는 경전 간행과 밀접한 관계

---

80 郭慶藩集釋, 앞의 책, 632쪽, "天地者, 萬物之父母也."
81 김근, 『욕망하는 천자문』(서울: 삼인, 2003), 262쪽.

를 맺고 있다.

6월 24일에 이상호가 대순전경大巡典經을 간행하니 7월에 고찬홍이 책을 가져다 태모님께 올리거늘 태모님께서 아무 말씀도 하지 않으시고 담뱃대로 바닥에 놓인 책을 옆으로 획 밀쳐 버리시니라. 이에 성도들이 의아해하며 그 책을 집어다 한쪽 구석에 천으로 덮어 놓으니라. 태모님께서 말씀하시기를 '운장雲長과 진묵震默은 나의 보필이니 상제님과 나의 사략史略을 편찬할 사람은 진묵밖에 없느니라.(『도전』 11:244:1-5)

진묵대사는 후천 세상의 새 소식을 알리고 있는 증산 상제와 태모 고수부의 사략 편찬자로 대두된

증산도 도전

다. 1929년 이상호는 『대순전경』을 완성하였다. 하지만 『대순전경』에는 증산 상제에 관한 기록만 있고 고수부에 관한 것은 기술되어 있지 않다. 천지만물이 '독음독양'으로는 생명의 화육작용이 일어나지 않기에 '만사불성萬事不成'인 것처럼, 후천 곤도坤道의 세상을 펼치기 위해서는 조화주인 천지부모에 관한 기록도 음양동덕陰陽同德의 운運을 타야 한다.(『도전』 2:83:5) 이런 문제점에 대해 임경호와 이성영은 다음과 같이 고수부에게 질문한다.

> 10월 2일에 임경호와 이성영이 태모님께 와 뵙고 여쭈기를 '천사天師의 법언法言과 성적聖跡은 이미 대순전경으로 간행되었으나 사모님의 언행言行은 아직까지 묻혀 있어 세상에서 알지 못하므로 통정 이하 여러 간부들이 의논하여 저희 두 사람으로 하여금 사모님의 언행을 수집하여 편찬하게 하니 이제 그 사명을 띠고 왔나이다.' 하니라. 그러나 태모님께서 허락하지 않으시니 두 사람이 9일 동안 머물면서 고민환을 비롯한 몇몇 성도들에게 듣고 기록하니라.(『도전』 11:311:1-4)

임경호와 이성영은 고수부에게 태모의 언행을 수집하여 기록으로 남기겠다고 제안한다. 그러나 고수부는 두 사람의 요청을 받아들이지 않는다. 증산 상제와 자신의 사략을 편찬할 통일경전이 기존의 판이 아니라 새 판에서 나올 것임을 고수부는 이렇게 말한다.

하루는 고민환이 태모님께서 행하시는 공사 내용을 일기로 기록하려 하니 태모님께서 꾸짖으시기를 '야, 이놈아! 뭘 그렇게 끄적거리냐? 너 책 장사 하려고 적냐?' 하시며 적지 못하게 하시고 일러 말씀하시기를 '때가 되면 상제님과 나의 사략史略을 편찬할 사람이 판밖에서 나오느니라.' 하시니라. 또 말씀하시기를 '장차 테 밖에서 성공해 들어와야 우리 일이 되리라.'하시니라.(『도전』 11:312:1~4)

고수부는 모든 일에는 때가 있다고 본다. 고수부에 의하면, 증산 상제와 자신의 사략이 담긴 경전이 진묵대사의 침묵을 떨쳐내는 '진묵의 기운'에 감응한 사람에 의해 자연스럽게 출간된다는 것이다.

그렇다면 진묵대사가 증산 상제와 태모 고수부의 사략 편찬자로 대두되는 그 이유는 어디에 있는 것일까? '진묵'이란 법호에서 그 해답의 실마리를 찾아볼 수 있다. '진묵震默'은 두 가지로 해석될 여지를 안고 있다. 하나는 '해동의 침묵'이란 뜻이다. 『역』에서 진震은 정동正東의 방향을 뜻하는 것으로 동방인 우리나라를 말하고, 묵默은 '능인적묵能仁寂默'을 말한다. '능인'은 세상의 모든 진리에 능하고 모든 만물에 어질다는 뜻이고, '적묵'은 고요하고 침묵하는 가운데 깨침을 얻었다는 뜻이다.[82] 다른 하나는 '침묵 떨치기' 또는 '침묵 깨트리기'이다. 왜냐하면 '진震'에는 '동방'의

82 김방룡, 「부처님의 화신 진묵 일옥과 봉서사」(『제1회 진묵조사 사상 학술대회』, 2010), 24쪽.

뜻과 '떨치다'라는 이중적 의미가 동시에 들어있기 때문이다. 그러나 이 두 가지 해석은 모두 '침묵의 세계'라는 동일한 의미에 초점을 맞추고 있다.

침묵이란 벙어리 꿀 먹은 것처럼 입을 꾹 다물고 아무 말도 하지 않는 것을 뜻하는 것은 아니다. 침묵은 결코 수동적인 것이 아니다. 침묵에는 언어의 수동성과 능동성이 오묘하게 합치되어 있다. 침묵은 어떤 의미에서 그 자체로 완전한 세계이다. 말은 침묵으로부터 그리고 침묵의 충만함으로부터 나온다.[83] 말이 말일 수 있는 것은 침묵이 있기 때문에 가능하다. 그렇다면 침묵으로부터 나오는 말은 도대체 어떤 말인가? 살아 움직이는 역동적 세계의 참모습을 언어로 표출하기 위해서는 모든 사물을 대상화하거나 실체화하지 않는 무언의 침묵이 필요하다는 뜻이다.

새 우주문명의 설계도 『도전』

고수부가 말한 것처럼, 진묵대사의 '진묵'의 기운을 받아 새 우주문명의 설계도를 담고 있는 우주일가의 개벽문화의 경전이 등장한다. 증산도의 『도전』은 무극대도의 원전이라는 뜻으로, 무극대도의 주재자인 증산 상제의 후천 세상의 소식을 담고 있다. 『도전』은 증산 상제가 구현하고자 했던 무극대도에 입각해 선천의

---

83 막스 피카르트, 최승자 옮김, 『침묵의 세계』(서울: 까치, 2001), 17-23쪽.

상극세상을 넘어서 모든 생명이 새로 거듭나는 후천의 상생세상을 열어가는 개벽문화의 원천源泉이자 보고寶庫이다.

『도전』은 '진묵'의 기운을 받아 천지와 신명과 인간과 문명이 하나로 연결되고 소통되는 후천의 무극대도의 세계를 침묵의 언어로 표현한 것이다. 고수부가 "도통을 하려면 진묵震默과 같은 도통을 해야"(『도전』 11:286:4) 한다고 말하는 것처럼, 진묵대사는 말로 말할 수 없는 진리의 세계를 침묵의 언어로 표출할 수 있었던 것은 최상의 도통의 경지를 지녔기 때문이다.

진묵대사 영정
…수왕암 진묵조사 전에 봉안된 진묵대사 영정

4. 조화문명으로 꽃피는 지상낙원

진묵대사는 조선의 민초들로부터 불세출의 구세영웅으로 칭송을 받았다. 진묵대사의 영웅적 행위는 입소문을 통해 '진묵설화'라는 양식으로 전해내려 온다. 그러니 진묵대사는 아무 말도 따로 하지 않았지만 침묵을 깨뜨리고 온몸으로 말한 것이라고 할 수 있다. 초의선사가 말한 것처럼, "이름이 높다고 해서 거친 돌에 새길 필요는 없고, 다니는 사람들의 입이 곧 비석"[84]인 것이다.

조선 말기의 고승인 석전石顚(1870~1948)은 「진묵조사무봉탑병서震默祖師無縫塔並序」에서 진묵대사의 삶을 다음과 같이 노래하고 있다.

광막한 들 무하향無何鄕에/ 무봉탑 높이 구름 가에 떨치네/ 내 듣건대 금선金仙은 비단 옷을 벗어버리고/ 홀연히 초췌한 모습으로 호수 가에 노닐면서/ 왕궁에 쌓인 보물도 돌피와 쭉정이 같이 보았다네/ 아버지는 농사짓고 어머니는 길쌈하여/ 밭도랑과 밭이랑에

---

84 이일영편, 앞의 책, 31쪽. "名高不用鐫頑石, 路上行人口是碑."

서 대법왕을 길러냈으니/ 그 공덕은 마야부인보다 더 훌륭하도다/
봉서사 한 곳에 빛을 갈무리고/ 월명암 목부암 등을 왕래하였지/
육통나한도 두려워 엎드리거늘/ 햇빛에 반딧불 같은 구류九流들이
어찌 바라보겠는가/ 한번 취하면 북산왕도 초개 같이 보았네/ 소
맷자락 흔들며 바람 따라 물가를 거닐면서/ 갈꽃 수곡과 오래도록
자리를 같이 하니/ 뭐 세상을 다스리는 문무 황제를 헤아릴건가/
……외로운 달 완연히 물 가운데 떴을 때/ 마침 낚시대를 걷으니
해됨이 없네/ 들녘의 아가위 봄풀이 우거진 유앙산의 남쪽에/ 촌사
의 부로들 술을 부어 제사지내는데/ 협지와 파초 같은 제물 필요
없구나/ 옷을 적시는 흐르는 눈물 금할 수 없고/ 불일佛日을 돌이
켜 황폐한 이 땅에 머무르기 어려우니/ 돌아오시라! 진묵이여. 영
험을 드러내기 비옵니다.[85]

진묵대사의 삶의 방식은 지극히 탈속적이면서도 세속적인 이
중적 특성을 동시에 보여준다. 세상 가장 높은 곳을 바라면서도
세상 가장 낮은 곳에 머물러 살았다. 진묵대사는 사소한 이해관
계로 아귀다툼을 벌이는 혼탁한 세간을 홀연히 벗어나는 초연한
방식을 보여주면서도, 중생의 고통을 외면하지 않고 중생과 하나

---

85 이일영편, 앞의 책, 142쪽. "廣漠之野無何鄉/ 無縫塔高拂雲章/ 我聞金仙脫
金裳/ 忽現憔悴游湖旁/ 天宮寶積晚砒糠/ 父兮荷鋤母採桑/ 畎畝孕毓大法王/ 功
德過於摩耶孃/ 鳳林一枝可藏光/ 月明木梟與翱翔/ 六通羅漢且憛儜/ 曜螢九流
安復望/ 一醉芥視北山王/ 舞袖任風過潭湘/ 蘆花水牯宿同床/ 肯數經世文武皇
/ ……孤月宛在水中央/ 遹然收釣乃無傷/ 野棠春艸惟山陽/ 社老村嫗擧酹觴/ 不
須荔丹又蕉黃/ 沾衣那禁感涕滂/ 難回佛日淹丘荒/ 歸兮震默祈靈揚"

되어 중생의 고달픈 삶을 위무하고 치유하는 중도의 보살행을 선택하였다. 이런 진묵대사의 보살행은 현실을 떠나지 않되 현실에 얽매이지 않는 '진속일여眞俗一如'와 '성속일여聖俗一如'의 삶을 살았던 원효대사의 무애행과 상통한다.[86] 따라서 진묵대사는 평생토록 출세간의 방외方外와 세간의 방내方內 사이의 경계를 절묘하게 줄타기하였던 것이다.

진묵대사는 세상 모든 사람들이 "아픈 상처와 슬픈 눈물이 없고, 서로가 서로를 자유롭게 놓아주어" 자유와 화평이 동시에 넘쳐나는 꿈같은 지상낙원을 간절히 소망하였다. 지상낙원에 대한 진묵대사의 절실한 염원은 갖가지 오묘한 도술조화가 강물처럼 철철 넘치는 새로운 문명에 대한 관심으로 표출된다. 진묵대사는 살아 있을 때부터 천상문명의 묘법妙法을 천상문명에서 받아내려 지상에 이상세계를 건설하기 위해 노력했다. 지구촌의 각 지방 문화의 정수를 모아 온 천하를 문명케 하려는 숭고한 포부와 소망을 지니고 있었다. 그래서 진묵대사는 '시해선'으로 천상에 올라갔던 것이다. 육신은 지상에 두고 천상에 올라가 천상문명을 지상문명에다 이식하려고 했던 것이다. 그러나 유학자 김봉곡이 진묵대사의 육신을 불태움으로 인하여 그의 문명개화의 꿈은 산산조각이 나고 말았다. 중생의 삶을 자유롭게 하고 문명을 개화

---

86 황의동, 앞의 글, 337쪽.

시키려는 진묵대사의 보살행의 뜻이 속절없이 물거품이 되고 만 것이다.

그러나 진묵대사에 대한 새 소식을 개벽문화의 차원에서 새롭게 전한 것은 증산 상제다. 증산도에서 진묵대사의 사명은 후천 세계의 신천지의 조화문명을 어떻게 건설할 수 있는가 하는 것이다. 도술 조화로 꽃피는 후천 통일문명의 건립이 바로 그것이다. 증산 상제는 진묵대사의 혼을 불러들이는 '초혼공사'를 통해 진묵대사를 서양에서 조선으로 귀환시켜 진묵대사가 그렇게 소망했던 문명조화의 꿈을 실현할 수 있도록 해 줌으로써 후천 조화 선경 건설의 주역으로 삼았다. 우리는 '문명 원한'이 '문명 해원'으로 승화된 대표적 경우를 바로 진묵대사에서 엿볼 수 있다. 더욱 중요한 것은 진묵대사의 소임이 조화문명의 역사에 참여하는 일에 그치는 것이 아니라 그 조화문명의 실천적 프로그램을 담지하고 있는 인류문명의 새 나침반인 『도전』 발간에 결정적인 영향력을 미치고 있다는 사실이다.

참고문헌

1. 경전류

증산도 도전편찬 위원회, 『도전』(서울: 대원출판사, 2003)
郭慶藩集釋, 『莊子集釋』(北京: 中華書局, 1985)

2. 단행본

김동화, 『한국역대고승전』(서울: 삼성문화재단, 1983)
김명선, 『진묵설화 연구』(서울: 보고사, 2007)
김성환외, 『개벽과 상생의 문화지대 새만금문화권』(고양: 정보와 사람, 2006)
김진홍, 『진묵대사』(서울: 불광출판사, 1999)
박희선, 『진묵대사』(서울: 다나, 1989)
백운, 『진묵대사』(서울: 불광출판사, 1992)
석묘각, 『진묵대사』(서울: 간경도감, 1992)
임원용, 『해동고승열전』(서울: 여래, 2008)
김근, 『욕망하는 천자문』(서울: 삼인, 2003)
김근, 『한자의 역설(서울: 삼인, 2009)
김기택, 『시와 몸과 그림』(서울: 뿔, 2008)
김달진, 『한국선시』(서울: 열화당, 1985)
김동규, 『하이데거의 사이-예술론』(서울: 그린비, 2009)
김동수역, 『호남절의록』(서울: 경인문화사, 2010)
김범부, 『풍류정신』(서울: 정음사, 1987)
김창환, 『도연명의 사상과 문학』(서울: 을유문화사, 2009)
김현일외, 『후천 4대종장』(대전: 증산도 상생문화연구소, 2002)
고제희, 『쉽게 하는 풍수공부』(서울: 동학사, 1998)
대우, 『그곳엔 부처도 갈 수 없다』(서울: 현암사, 2002)
류짜이푸, 노승현 옮김, 『면벽침사록』(서울: 바다출판사, 2007)

막스 피카르트, 최승자 옮김,『침묵의 세계』(서울: 까치, 2001)

모리스 메를로 퐁티,『침묵의 언어와 간접적인 목소리』(서울: 책세상, 2005)

명정 편역,『산사에서 부치는 노래』(서울: 좋은 날, 2001)

무산,『선사들의 오도송』(서울: 김영사, 2003)

미셸 콜로, 정선아 옮김,『현대시와 지평구조』(서울: 문학과 지성사, 2003)

『부처님의 화신 진묵 일옥과 봉서사』(제1회 진묵조사 사상 학술대회, 2010)

『시는 모든 예술의 고향』(서울: 문학사상사, 2003)

손종섭,『다정도 병인양 하여』(서울: 김영사, 2009)

신경림외,『한국의 괴짜들』(서울: 영언문화사, 2004)

신용복,『감옥으로부터의 사색』(서울: 돌베개, 2001)

심재룡,『동양의 지혜와 선』(서울: 세계사, 1990)

안동준 옮김,『도교와 여성』(서울: 창해, 2005)

안운산,『가을생명으로 넘어가는 생명의 다리』(서울: 대원출판사, 2006)

안경전,『개벽 실제상황』(서울: 대원출판사, 2005)

옥타비오 파스, 김홍근외 옮김,『활과 리라』(서울: 솔, 1998)

양우석,『천국문명을 건설하는 마테오 리치』(대전: 상생출판사, 2008)

오규원,『두두』(서울: 문학과 지성사, 2008)

왕국유, 유창교 옮김,『세상의 노래비평』(서울: 소명출판사, 2004)

이규호,『거짓말 참말 그리고 침묵』(서울: 말과 창조사, 2003)

이리야 요시다까, 신규탁 옮김,『선과 문학』(서울: 장경각, 1993)

이병한,『땅 쓸고 꽃잎 떨어지기를 기다리노라』(서울: 궁리, 2007)

이병한 편저,『중국 고전 시학의 이해』(서울: 문학과 지성사, 1993)

이용주,『도, 상상하는 힘』(서울: 이학사, 2003)

이용주,『생명과 불사』(서울: 이학사, 2009)

이윤재,『원한을 넘어 해원으로』(대전: 상생출판사, 2010)

이원국, 김낙필외 옮김,『내단』(서울: 성균관대출판부, 2006)

이원섭,『깨침의 미학』(서울: 법보신문사, 1991)

이원섭외,『현대문학과 선시』(서울: 불지사, 1992)

이어령,『시 다시 읽기』(서울: 문학사상사, 1997)

이재석,『인류 원한의 뿌리 단주』(대전: 상생출판사, 2008)

이일영편,『진묵대사소전』(서울: 보림사, 1983)

이현덕,『암자일기』(서울: 운주사, 2008)

정민,『초월의 상상』(서울: 휴머니스트, 2002)

정일남,『초정 박제가 문학연구』(서울: 지식산업사, 2004)

정재서,『불사의 신화와 사상』(서울: 민음사, 1994)

정휴,『고승평전』(서울: 우리 출판사, 2000)

조광제,『몸의 세계, 세계의 몸』(서울: 이학사, 2004)

조광제,『미술 속 발기하는 사물들』(서울: 안티쿠스, 2007)

조용헌,『사찰기행』(서울: 이가서, 2005)

주광잠, 정상홍 옮김,『시론』(서울: 동문선, 1991)

진윤길, 일지 옮김,『중국문학과 선』(서울: 민족사, 1992)

프랑스와 쥴리앙, 유병태 옮김,『운행과 창조』(서울: 케이시, 2003)

프랑스와 쥴리앙, 최애리 옮김,『무미예찬』(서울: 산책자, 2010)

최명우,『이곳이 한국 최고의 풍수』(서울: 수문출판사, 2007)

최승호외,『시론』(서울: 황금알, 2008)

최현식,『말 속의 침묵』(서울: 문학과 지성사, 2002)

최혜숙,『진묵대사와 부설거사 그 유적지를 찾아서』(서울: 불교문화정
　신원, 2003)

채희완엮음,『한국 춤의 정신은 무엇인가』(서울: 명경, 2000)

한국정신문화연구원,『한국구비문학대계』(서울: 고려원, 1987)

황원갑,『고승과 명찰』(서울: 책이 있는 마을, 2000)

황희평편집, 서은숙 옮김,『시는 붉고 그림은 푸르네』(서울: 학고재,
　2003)

卿希泰主編,『中國道敎思想史』(北京: 人民出版社, 2009)

金晟煥,『黃老道探源』(北京: 中國社會科學出版社, 2008)

詹石窓,『道敎文化十五講』(北京: 北京大學出版社, 2003)

孫昌武,『詩苑仙踪: 詩歌與神仙信仰』(南京: 南京大學出版社, 2005)

朱良志,『中國美學十五講』(北京: 北京大學出版社, 2006)

胡孚琛外,『道學通論』(北京: 社會科學文獻出版社, 1999)

洪修平,『中國儒佛道三敎關係硏究』(北京: 中國社會科學出版社, 2011)

福永光司,『魏晋思想史硏究』(東京: 岩波書店, 2005)

3. 논문

고석훈, 「진표 진묵 이야기의 특질과 전승 양상」(서울: 동국대 석사논문, 2002)

김기옥, 「진묵설화연구」(대전: 충남대 석사논문, 1998)

김남용, 「증산도『도전』성편의 당위성」, 『증산도사상』제3집, 대전:증산도사상연구소, 2000.

김달진, 「진묵대사 유적교」(서울:『법시』, 1975)

김방룡, 「증산교와 진묵대사」(한국신종교학회:『신종교연구』제4집, 2001)

김방룡, 「설화를 통해 본 진묵 일옥의 삶과사상」(『한국불교학』제44집, 2006)

김병배, 「전주 완주지방의 인물전설 연구」(전북대 교육대학원 석사논문, 1993)

김성환, 「전북 모악산은 어떻게 '성스러운 어머니 산'이 되는가?-선도의 맥락에서 보 는 다섯 가지 성스러움의 계기」(도교문화학회:『도교문화연구』제25집, 2006)

김성환, 「황로도의 연구: 사상의 기원과 사조의 계보」(도교문화학회: 『도교문화연구』제27집, 2007)

박윤호, 「진묵 일옥 일화연구」(한국불교사연구소:『문학 사학 철학 창간 준비호』, 2005)

백승종, 「소태산 대종사와 진묵신앙의 관계 연구」(『원불교학 제3집』, 1998)

원영상, 「불교의 효사상에 대한 고찰」(『한국 선학』제23호, 2009)

유병덕외, 「호남지역의 진묵신앙 유표현황과 그 민중적 성격」(『한국종교』, 제21집, 1996)

유철, 「증산도의 '원시반본' 사상과 개벽」(증산도 상생문화연구소:『증산도 사상』제2집, 2000)

윤석우, 「음주시에 나타난 중국시인의 정신세계-도연명, 이백, 백거이를 중심으로-」(서울: 연세대 중문과 박사논문, 2004)

윤창렬, 「『도전』간행의 당위성과 역사성」, 『증산도사상』제4집, 대전: 증산도사상연구소, 2001.

안동준, 「요동선인 정영위의 문학적 전승과 그 의미」(도교문화학회:『도교문화연구』제28집, 2008)

정륜, 「미래문명의 이념, 상생의 큰 그릇-새만금 지역의 불교문화」(『개벽과 상생의 문화지대 새만금 문화권』, 정보와 사람, 2006)

최래옥,「한국 불교설화의 양상」(경희대 민속학 연구소회:『한국문화연구』, 2000)

한기두,「진묵의 법풍」(『한국사상사』: 원광대출판국, 1984)

황의동,「진묵대사와 유교와의 대화」(『한국사상과 문화』: 한국사상문화학회, 2011)

부록: 『진묵선사유적고』에 나타난 진묵대사의 일화

1. 나이 어린 부처님

대사는 나이 일곱 살에 출가하여 전주의 봉서사에서 내전을 읽었는데, 어려서부터 슬기롭고 영특하여 스승의 가르침을 받지 않고서도 현묘한 이치를 환하게 알았다. 머리를 깎고 승복을 입고

서 사미가 되었을 때 절에 불사가 있었다. 그 일을 주관하는 스님은 대사가 나이는 어리지만 행실이 깨끗하다고 여겨 불러다가 불단을 호위하고 향을 피우는 소임을 맡겼다. 그 일을 맡은 지 얼마 안 되어 밀적신장이 그 일을 주관하는 스님의 꿈에 나타나 말하였다. "우리들 여러 천신들은 모두 부처님을 호위하는 신장이거늘, 어찌 부처님의 예를 받겠는가? 급히 향 받드는 소임을 바꾸어서 우리들로 하여금 아침저녁으로 편하게 지낼 수 있도록 하여다오."

2. 가는 국수로 변한 바늘

대사가 사미였을 때에 창원의 마상포를 지나다가 어린 소녀의 사랑을 받았지만 형편이 서로 함께할 수 없었으므로 마침내 죽어 남자가 되었다. 전주의 대원사에서 대사를 만나 시동이 되었는데, 그 이름은 기춘이라 하였다. 대사는 그를 돌보고 아끼면서 그와 함께 이락삼매에 노닐었다. 그러나 뉘라서 진여가 티끌 속에서 홀로 빛나는 경지를 알아 볼 수 있겠는가? 지혜의 눈이 없는 여러 중들이 대사에게 간청하기 때문에 대사가 기춘이를 위하여 국수를 썼었다. 대사는 자리를 같이 한 여러 중들에게 발우를 펴라 하고는 시자로 하여금 발우 가운데 바늘 하나씩을 넣어 두게 하였는데, 대사의 발우에 담긴 바늘이 가는 국수로 변하여 발우에 가

득하였다. 대사는 그것을 태연하게 먹었으나, 다른 여러 중들의
발우에는 여전히 바늘 하나만 들어 있을 뿐이었다.

3. 왜막촌 모기와 진묵대사의 효성

왜막촌에서 늙은 어머니를 봉양하면서, 대사는 그 마을의 뒤에
있는 일출암에 머물렀다. 여름이면 어머니가 모기 때문에 괴로워
하자 대사는 산신령에게 부탁하여 모기를 다 쫓아버리게 하였다.
그 뒤로 지금까지 온 마을에는 모기의 괴로움이 영원히 없어졌
다. 어머니가 돌아가시자 제문을 지었다. "열 달 동안 태중에서 길
러주신 은혜를 어찌 갚으오리까? 슬하에서 삼 년을 키워주신 은

덕을 잊을 수 없나이다. 만세를 사시고 다시 만세를 더 사신다 해도 자식의 마음은 그래도 모자랄 일이온데 백년도 채우지 못하시니, 어머님 수명은 어찌 그리도 짧으시옵니까? 표주박 한 개로 노상에서 걸식하며 사는 이 중은 이미 그러하거니와 비녀를 꽂고 규중에 있는 아직 시집가지 못한 누이동생은 어찌 슬프지 않겠습니까? 불단에 올라 공양을 올리고 불단에 내려와 불공을 마치고 난 뒤 스님들은 각기 자기 방을 찾아 돌아갔고 앞산은 첩첩하고 뒷산은 겹겹이온데, 어머님의 혼백은 어디로 가셨습니까? 아! 애닮기만 합니다."

만경의 북쪽 유앙산에 장사를 지냈는데 그 묘소를 깨끗이 쓸고 술을 부어 제사를 드리면 번번이 농사가 잘 되었다. 그러므로 원근의 마을 사람들이 서로 뒤질세라 앞을 다투어 모여 들었다. 그리하여 지금까지 수백 년이 되었으나 봉분이 완전하고 향화가 끊이지 않았다.

4. 진묵대사와 곡차

대사는 일찍이 술을 좋아하였다. 그러나 술을 곡차라고 하면 마시고 술이라고 하면 마시지 않았다. 어떤 중이 연회를 베풀기 위해 술을 거르는데 술의 향기가 진하게 풍기어 사람을 얼큰히 취하게 하였다. 대사는 지팡이를 짚고 가서 물었다. "그대는 무엇을 거르는가?" 중이 대답하였다. "술을 거릅니다." 대사는 묵묵히 돌아왔다. 얼마 뒤에 또 가서 물었다. "그대는 무엇을 거르는가?" 중은 이전과 마찬가지로 대답하였다. 대사는 묵묵히 돌아왔다가 잠시 뒤에 또 가서 물었으나, 중은 끝내 곡차라고 대답하지 않고 또 술을 거른다고 대답하였다. 대사는 드디어 실망하고 돌아왔다. 얼마 뒤 금강역사가 철퇴로 술 거르던 중의 머리를 내려쳤다.

5. 능엄삼매

대사가 변산의 월명암에 머물고 있을 때의 일이다. 승려들은 모두 탁발을 나가고 대사만이 시중드는 이와 함께 절을 지키고 있었다. 때마침 시중드는 이가 제사를 모시기 위해 속가에 가야하기 때문에 먼저 공양 음식을 갖추어 탁자 위에 올려놓고 말하였다. "공양 그릇은 여기에 있으니 때가 되면 손수 공양을 드시지요."

이때 대사는 방안에서 창문을 열어 놓고 손을 문지방에 대고서 『능엄경』을 보고 있었다. 시중드는 이가 다음 날 암자에 돌아와 보니 대사는 어제와 같은 자세로 앉아 있었다. 문짝에 손가락이 상하여 피가 흐르는데도 대사는 손의 상처에는 아랑곳하지 않고 태연히 경을 보고 있었다. 탁자 위의 공양음식도 들지 않은 채 그대로였다. 시중드는 사람이 절을 하고 밤새 안부를 여쭈었더니 대사가 말하였다. "너는 제사에 참여하지 않고 바로 왔느냐?" 생각컨대 대사는 능엄삼매에 들었기 때문에 밤이 이미 지난 것도 몰랐던 것이다.

6. 원등암의 불빛

맑게 갠 밤이면 언제나 한 점 별 빛이 멀리 동쪽 끝에서 반짝거렸다. 살펴서 알고 보니 바로 전주 청량산 목부암의 등불이었다. 대사는 마침내 그곳으로 자리를 옮기고, 목부암을 원등암으로 이

름을 고쳤다. 이곳은 본래 나한의 도량으로서, 16존자가 항상 대사를 위하여 시봉하던 곳이다. 불빛이 멀리 월명암까지 비친 것은 아마도 나한들이 대사의 뜻을 열어서 깨우쳐 준 때문일 것이다.

7. 전주부 아전의 죄를 풀다

전주부에 숨어 사는 한 아전이 있었다. 그는 평소에 대사와 더불어 가깝게 지냈는데, 관아의 재물 수백 냥을 사사로이 써서 빚을 지고는 장차 도망을 가기 위해 대사에게 와서 하직 인사를 하였다. 대사가 말하였다. "관아의 재물을 축내고 도망가는 것이 어찌 사내가 할 일이겠는가? 다만 집에 돌아가 두어 말의 쌀을 가지고 이곳에 와 나한에게 공양하면 장차 좋은 일이 있을 것이다." 아전이 돌아와 대사가 가르친 대로 준비해 왔다. 대사는 시자에게 명하여 밥을 지어서 나한에게 공양하도록 시키고 곧 그 아전에게 물었다. "관청에 혹 빈자리가 있느냐?" 아전이 말하였다. "예. 있습니다. 감옥의 형리 자리가 지금 비어있습니다. 녹봉이 매우 박하고 일거리가 없는 자리입니다." 대사가 말하였다. "일거리가 없는 자리라 말하지 말고 빨리 가서 그 자리를 맡기를 청하여라. 그러나 30일을 넘기지 말라." 아전이 돌아가자 대사는 주장자를 가지고 나한당에 들어가 나한의 머리를 세 번씩 두드리며 말

하였다. "저 아무 아전의 일을 잘 돌봐 주어라." 이튿날 밤 나한
들이 아전의 꿈에 나타나서 꾸짖어 말하였다. "네가 구할 것이 있
으면 바로 우리들에게 와서 말할 것이지 어찌하여 대사에게 알려
우리를 괴롭히느냐? 너를 봐서는 돌보지 않는 것이 옳겠으나 대
사의 명이라 좇지 않을 수 없기 때문에 이제 네 일을 봐 주는 것이
니 이 뒤로는 이 같은 일이 없도록 하라." 아전은 도움이 있을 줄
을 알고서 자청하여 옥리가 되었다. 얼마 안 되어 옥송이 계속 일
어나서 죄수들이 옥에 가득하여 30일 안에 빚진 재물을 다 갚고
는 그 자리를 다른 아전에게 넘겨주었다. 얼마 안 되어 새 옥리는
뇌물을 받은 죄로 구금되었다.

8. 진묵대사를 희롱한 나한들

　대사는 일찍이 혼자 길을 걸어 가다가 우연히 한 사미를 만나 그와 함께 동행하게 되었는데 요수천 가에 이르자 사미가 말했다. "소승이 먼저 건너가 그 물이 깊은지 얕은지를 알아보겠습니다." 마침내 발을 벗고 아주 수월하게 건너갔다. 그런데 대사가 옷자락을 걷어 올리고 건너려고 하니, 몸이 물속으로 빠져들었다. 사미가 급히 가서 붙들어 내었다. 대사가 비로소 나한들에게 희롱당한 것을 알고 한 게송을 지어 말하였다. "저 영산회상의 어리석은 열여섯 나한들이여, 마을 잿밥 즐기는 것 언제나 그만두랴? 신통 묘용은 미치기 어렵지만, 대도는 응당 늙은 비구에게 물어야 하리."

9. 고기를 잡으면 통발은 잊어라

만년에는 항상 봉서사에 머물렀다. 절에서 멀지 않은 곳에 봉곡 선생이란 분이 있었는데 그는 당시의 어진 유학자였다. 대사는 일찍이 선생에게 『강목』을 빌려서 바랑 속에 넣어 스스로 지고 온 일이 있었다. 선생은 사람을 시켜서 뒤따라 가 살펴보게 하였다. 대사는 걸어가면서 펴 보고서 한 권을 다 보면 땅에 버리고, 또 한 권을 빼내어 손으로 펼쳐 보고 땅에 버림이 이와 같았다. 절에 이르자 모두 버리고, 뒤도 돌아보지 않고 들어 가버렸다. 다른 날에, 선생이 대사에게 물었다. "책을 빌려보고 땅에 버리는 것은 무엇 때문이오?" 대사가 말하였다. "고기를 잡으면 통발은 잊어버리시오." 선생이 편마다 어려운 것을 들어 물으니 모르는 곳이 없이 다 알고 있었다.

10. 진묵대사와 여종

선생이 하루는 여종을 시켜 대사에게 음식을 보내었는데, 길 가는 중에 대사가 허공을 바라보고 배회하면서 서 있는 것을 보고, 여종이 앞으로 나아가 선생의 뜻을 전하였다. 대사가 그 여종에게 물었다. "너는 아이를 배고 싶지 않느냐?" 여종이 알아듣지 못하자, 대사가 말하였다. "네가 박복하니 어찌하겠느냐? 너는 바로 돌아가서 선생께 내가 곧 간다고 말하여라." 여종이 돌아와서 말을 전하였다. 선생이 기다리다가 대사가 너무 늦을 것을 이상하게 여겨 물었다. "왜 그리 늦었습니까?" 대사가 대답하였다. "마침 한 줄기 신령스러운 기운이 서쪽 하늘 끝에서 떠올랐는데, 아주 만나기 어려운 것이라 끌어 당겨 쏘고 싶었지만 그 사람을 만나지 못하였습니다. 도리어 이것이 흩어져 상스럽지 못한 데로 흘러들까 두려워서 몰아서 멀리 허공 밖으로 물리치느라고 오는 것이 자연히 늦게 되었습니다.

11. 죽은 물고기를 살리다

한번은 대사가 길을 가다가 여러 소년들을 만났는데, 그들은 천렵을 하여 시냇가에서 물고기를 끓이고 있었다. 대사는 끓는 솥을 들여다보며 탄식하여 말하였다. "착한 물고기가 아무 죄도 없이 가마솥에서 삶기는 괴로움을 받는구나!" 한 소년이 희롱하여 말하였다. "대사께서 이 고기국을 드시겠습니까?" 대사가 말하였다. "나야 잘 먹지." 소년이 말하였다. "저 한 솥을 대사에게 맡기겠사오니, 다 드시지요." 대사는 솥을 들어 입에 대고 순식간에 남김없이 다 마시어 버렸다. 그러자 소년들은 모두 놀라 이상하게 여겨 말하였다. "부처님은 살생을 경계하였는데 고깃국을 마셨으니 어찌 승려라 할 수 있겠습니까?" 대사가 "죽인 것은 내가 아니지만 그것을 살리는 것은 내게 달려 있다."라 말하고, 마침내 옷을 벗고 물에 등을 돌려 설사를 하였다. 그러자 무수한 물고기가 항문으로부터 쏟아져 나오는데, 발랄하기가 마치 봄물을 타고 흘러내리는 듯 하고 번쩍번쩍 비늘을 번뜩이며 어지러이 물 위에서 뛰놀았다. 대사는 돌아보고 물고기에게 말하였다. "착한 물고기들아! 이제부터는 멀리 강과 바다로 가서 놀 때 다시는 미끼를 탐하다가 가마솥에서 삶기는 괴로움을 당하지 않도록 조심하라." 이리하여 여러 소년들은 탄복하고서 그물을 거두어 가지고 돌아갔다.

12. 사냥꾼과 소금

한번은 대사가 시자를 불러서 소금을 가지고 봉서사의 남쪽 부곡으로 가라고 했다. 시자가 물었다. "가지고 가서 누구에게 줍니까?" 대사가 말했다. "가면 저절로 알 터인데, 물을 필요가 있느냐?" 시자가 소금을 가지고 고개를 넘어 골짜기로 내려가니, 사냥꾼 두어 사람이 막 노루고기 회를 해놓고 소금을 생각하면서 먹지 못하고 앉아 있었다. 시자가 소금을 그들 앞에 놓자 모두 기뻐하면서 말했다. "이는 반드시 옥 노장께서 우리들이 굶주리고 있는 것을 불쌍히 여겨 보내주신 것이리라. 사람을 살리는 부처님이 골짜기마다 있다고 하더니 바로 이것을 두고 말하는 것이리라."

13. 해인사의 불을 끄다

하루는 대사가 물을 찾자 시자가 미지근한 쌀뜨물을 갖다 드리니 대사가 그것을 받아 입에 두어 모금 머금고 동쪽을 향하여 내뿜었다. 뒤에 들으니, 합천 해인사에 불이 나서 다 타버릴 뻔하였는데 갑자기 한 바탕 소나기가 서쪽으로부터 쏟아져 그 불을 껐고, 희뿌연 빗방울이 물체에 엉겨 붙어 얼룩이 졌다고 한다. 해인사에 불이 나던 날이 바로 대사가 물을 내뿜던 때이다.

14. 진묵대사의 조화력

대사께서 일찍이 상운암에 머물 때이다. 탁발승들이 양식을 구하기 위해 멀리 나갔다가 한 달 남짓하여 돌아 왔는데 대사의 얼굴에는 거미줄이 쳐져 있었고 무릎 사이에는 먼지가 쌓여 있었다. 그리하여 먼지를 쓸어내고 거미줄을 걷어내고서 이름을 말하며 인사를 드리니 대사께서 말하였다. "너희들은 어째서 이렇게 빨리 돌아왔느냐?"

15. 대원사가 가난한 이유

대사가 일찍이 대원사에 머무르고 있을 때 공양 때마다 밀기울만 물에 타서 먹었다. 여러 중들이 대사를 미워하고 박대하여 넉넉히 대접하지 않을 뿐만 아니라 또 그 밀기울을 더럽혔다. 갑자기 한 중이 밥을 가지고 공중에서 내려와 대사에게 드리니 대사가 말하였다. "밥을 보내는 것은 좋으나 몸소 가지고 올 필요가 뭐 있겠소?" 그 중이 말하였다. "소승은 현재 대둔사에 머물고 있는데 막 공양을 하려다가 바리때가 저절로 움직이므로 괴이하게 여겨 그것을 잡으니 신력에 이끌리어 여기에 이르렀습니다." 대사가 비로소 공양을 청한 까닭을 말하니 중은 매우 이상하게 여기며 조석으로 공양을 드릴 것을 진심으로 원하며 절하고 나왔는데 순식간에 자기의 절로 돌아왔다. 이로부터 밥이 가고 바리가 오기를 4년이나 계속되었다. 대사는 여러 중들에게 말하였다. "너희들의 절은 앞으로 일곱 대에 걸쳐 액운을 만날 것이다." 대원사는 과연 지금까지도 가난하다고 한다.

16. 불상조성과 진묵대사의 경고

천계 임술년에 완주부의 송광사와 홍산의 무량사에서 동시에 불상을 조성하려고 다같이 대사를 초청하여 증사로 모시려고 하였으나, 대사는 어느 곳에도 가지 않고 각기 한 물건을 주어 증단에 올려놓고 운관의 작용을 드러내게 하면서 말하였다. "다만 모름지기 이렇게만 하면 두 절의 불상은 반드시 잘 이루어질 것이니 뒤에 경솔하게 다시 고쳐 칠하지 말라." 또 경계하여 말하였다. "무량사의 시주승은 불상을 점안하기 전에는 절대 산문 밖에 나가지 않도록 하라." 이리하여 두 중은 계를 받고는 가르치는 대로 따르기로 하고 돌아가서 한결같이 시키는 대로 하였다. 송광사에서는 주장자를 증단에 세워두었는데 밤낮으로 꼿꼿이 서서 넘어지지 않았고, 무량사에서는 염주를 증석에 놓아두었는데 염주가 언제나 딸깍딸깍 저절로 돌아갔다. 홍산의 어떤 사람이 3천금을 내어 혼자 그 삼존불의 비용을 부담하였는데 항상 와서 참배하겠다고 말하고는 기한이 지나도록 오지 않았다. 시주승은 그가 오기를 기다리고 바라며 자기도 모르게 문밖에 나갔다가 갑사에게 맞아 죽었다.

17. 깨침의 노래

대사가 일찍이 이런 게송을 읊었다. "하늘 이불·땅 자리·산 베개요, 달 촛불·구름 병풍·바다 술통이로다. 크게 취해 벌떡 일어나 덩실덩실 춤추다, 도리어 긴 소맷자락 곤륜산에 걸릴까 저어하노라." 살펴 보건대, 대사가 봉곡 선생과 더불어 서로 주고받은 시문이 많이 있다고 하지만 세월이 오래되어 다 흩어지고 전하는 것이 없으니 애석하도다.

18. 석가모니의 그림자

대사가 하루는 목욕을 하고서 머리를 감고 옷을 갈아입고는 지팡이를 끌면서 산문 밖을 나섰다. 개울가를 따라 거닐다가 지팡이를 세우고 물가를 내려 보며 서 있다가 손으로 물속에 비친 자기의 그림자를 가리키면서 시자에게 말했다. "저것이 석가모니의 그림자이니라." 시자가 말했다. "이것은 스님의 그림자입니다." 대사가 말했다. "너는 다만 나의 거짓 모습만 알 뿐이지 석가모니의 참모습은 알지 못하는구나." 대사가 곧 지팡이를 메고 방으로 들어가 가부좌를 틀고 앉아서 제자들을 불러놓고 하였다. "내가 장차 가려하니 너희들이 물을 것이 있으면 물어보아라." 이에 제자가 말하였다. "스님이 가시고 백년 뒤에 종승은 누가 이을까요?" 대사가 오래도록 잠자코 있다가 말하였다. "종승이 어디에 있겠는가?" 제자가 거듭하여 가르침을 청하니, 대사가 마지못하여 말하였다. "명리승이기는 하지만 휴정에게 붙여 두라." 마침내 편안히 입적하였다. 세수는 72세요, 법랍은 52세이니 곧 계유년(1632) 12월 28일이다.

진묵대사와 관련된 연표

1552년 리치신부 출생.(10월 6일)

1562년 명종 17년, 진묵대사 전북 김제군 만경면 불거촌에서 출생. 진묵대사가 태어났을 때 3년간 불거촌의 초목이 말라 죽었다고 한다.

1568년 선조 1년, 진묵대사 7살에 서방산 봉서사에 출가.

1572년 리치신부 예수회 로마 대학(Colegio Roma)에 입학.

1575년 선조 8년, 봉곡 김동준 출생.

1578년 3월, 리치신부 포르투갈 국왕 세바스치앙(Sebastian)을 알현하고 리스본을 출발하여 9월 인도의 포르투갈 식민지인 고아(Goa)에 도착.

1589년 선조 22년, 정여립의 난.

1592년 선조 25년, 진묵대사 31살 임진왜란 발발. 서산대사와 사명대사 승군을 이끌고 전쟁에 참여.

1597년 8월, 리치신부 하느님께 영원한 수종을 맹세함. 예수회 중국 선교 책임자로 임명됨.

1598년 7월, 리치신부 왕충명과 함께 남경에 감. 9월, 북경에 도착

했으나 때 마침 조선에 임진왜란이 일어나 외국인에 대한 경계심으로 인해 정착할 수 없었음.

1601년 1월 24일, 황제로부터 북경의 황궁으로 들어오라는 명을 받고 제2차 북경 진입.

1602년 이지조의 도움으로『곤여만국전도』제3판을 발행.

1603년 교리문답서인『천주실의』출간.『곤여만국전도』제4판 발행.

1604년 선조 37년, 서산대사 입적

1610년 광해군 2년, 사명대사 입적. 리치신부 5월 11일 저녁, 향년 58세를 일기로 별세.

1611년 리치의 관이 책란(柵欄) 묘지로 옮겨짐.

1627년 인조 5년, 정묘호란

1633년 인조 11년, 진묵대사 봉서사에서 입적.(승랍 52년, 향년72세)

1661년 현종 2년, 봉곡 김동준 사망.

찾아보기

19세기
조선의 생활모습

당태종판太宗의
이십사장

팔장

수부 首婦
고판례

上帝 · 侍天主 · 東學

잃어버린
상제문화
를 찾아서
동학

근본으로
돌아가라

증산도 상생문화연구총서

正易句解

正易과 天文曆

周易參同契

易

正易과 周易

당태종唐太宗과이십사장二十四將

이십사장은 이연李淵을 도와 당 왕조를 건립하고,
또 현무문玄武門의 정변에서 진왕秦王 이세민李
世民을 도와 그가 황제로 등극하는데 결정적인 공
을 세운 24명의 공신을 말한다.

이재석 저 | 512쪽 | 값 20,000원

광무제光武帝와 이십팔장二十八將

이십팔장은 후한 광무제 유수劉秀가 정권을 수립하
는데 큰 공을 세운 스물여덟 명의 무장을 말한다.

이재석 저 | 478쪽 | 값 20,000원

잃어버린 상제문화를 찾아서 동학

상제관이 바로 서지 않으면 우주만물의 원 주인
도 제자리를 잡지 못한다. 그래서 이 책은 최수운
이 창도한 동학에서 상제관 바로 세우기의 일환
으로 집필되었다.

증산도상생문화연구소 | 255쪽 | 값 15,000원

격동의 시대 19세기 조선의 생활모습

이 책은 19세기의 사회상을 리얼하게 보여주려는
자료집이다. '증산상제의 강세를 전후한 모습, 곧
선후천의 갈림길에 선 19세기 조선의 모습'이다.
김철수 저 | 311쪽 | 값 20,000원

근본으로 돌아가라 【원시반본, 보은, 해원, 상생】

개벽를 극복하고 후천선경을 건설하기 위해 인간은
어떠한 삶을 살아야 하는가를 증산 상제님의 행적과
가르침이 담긴 『증산도 도전』을 중심으로 설명
유 철 저 | 301쪽 | 20,000원

인류의 어머니 수부首婦 고판례

강증산 상제님의 종통을 계승한 고판례
수부님의 숭고한 사랑과 은혜의 발자취.
노종상 저 | 454쪽 | 값 20,000원

정역과 주역

김일부선생의 생애와 학문적 연원에 대해 쉽게 설명을 하고있으며, 정역을 공부할 수 있게 대역서의 구성원리와 서괘원리, 중천건괘와 중지곤괘에 대한 해석을 하고있다.

윤종빈 저 | 500쪽 | 값 20,000원

정역구해

김일부의 『正易』을 한 구절씩 낱낱이 풀이한 입문서에 해당한다. 정역을 전문으로 연구하는 사람들은 물론, 처음 배우는 사람들을 대상으로 삼고 있다.

권영원 저 | 500쪽 | 값 25,000원

정역과 천문력

한평생 정역을 공부한 저자가 강의록을 책으로 출간하였다. 이 책을 통해 저자는 세상에 처음으로 수지도수手指度數의 실체를 드러내었다. 정역의 핵심인 수지도수의 이론과 동양천문에 대해서 쉽게 도해로 설명하고 있다.

권영원 저 | 656쪽 | 값 29,000원

주역참동계

만고 단경왕丹經王인 주역참동계를 통해서 저자는 동양의 내외단과 서양의 연금술의 전통이 일치함을 주장한다. 지금까지의 참동계 관련 문헌을 총정리하였으며, 도장경에 나오는 참동계관련 도해를 처음으로 소개하여 독자들의 이해를 높였다.

임명진 저 | 600쪽 | 값 29,000원

증산도 상생문화 총서

인류문명의 뿌리, 東夷

인류문명의 시원을 연 동방 한민족의 뿌리, 동이東夷의 문명 개척사와 잃어버린 인류 뿌리역사의 실상을 밝혔다.

김선주 저 | 112쪽 | 6,500원

인류원한의 뿌리 단주

강증산 상제에 의해 밝혀진 반만 년 전 요임금의 아들 단주의 원한, 단주의 해원 공사를 바탕으로 전개되고 있는 상생문명건설의 실상을 보여준다.

이재석 저 | 112쪽 | 값 6,500원

일본고대사와 한민족

수많은 백제인의 이주와 문화전파에 따른 문화혁명, 그리고 문화 선생국 백제의 멸망. 그 때마다 일본이 보여준 태도는 모두 한가지 사실로 모아진다. 곧'일본 고대사 는 한민족의 이주사'라는 사실이다.

김철수 저 | 168쪽 | 값 6,500원

천국문명을 건설하는 마테오리치

살아서 뿐만 아니라 죽어서도 새 시대 새 문명을 여는데 역사하고 있는 마테오리치의 생애를 집중조명한다.

양우석 저 | 140쪽 | 값 6,500원

생명과 문화의 뿌리 삼신三神

삼신은 만유생명의 창조와 문화의 뿌리이며 한민족의 정서에는 유구한 정신문화로 자리매김 되어 있음을 보게 된다.

문계석 저 | 196쪽 | 값 6,500원

일본의 고古신도와 한민족

우리가 왜 일본의 고대사에 주목하는가? 그것은 일본 고대사의 뿌리가 한민족에 있기 때문이다.

김철수 저 | 239쪽 | 6,500원

서양의 제왕문화

역사를 돌이켜보면 역사시대의 태반은 왕정시대였다. 이 책은 고대로부터 현대에 이르기까지 이러한 서양 왕정의 역사를 간략히 조망한 책이다.

김현일 저 | 215쪽 | 값 6,500원

만고萬古의 명장名將, 전봉준 장군과 동학혁명

전봉준의 혁명은 동학의 창도자 최수운이 노래한 세상, 곧 후천 오만년 운수의 새 세상을 노래한 것이었다.

김철수 저 | 192쪽 | 6,500원

천지공사와 조화선경

증산상제가 제시한 우주문명의 새로운 틀짜기와 판짜기의 프로그램이 바로 '천지공사天地公事'이다.

원정근 저 | 136쪽 | 값 6,500원

홍산문화
【한민족의 뿌리와 상제문화】

홍산문화의 주인공은 동이족의 주체세력이며, 적석총·제단·여신묘의 제사유적군은 상제문화를 대표로 하는 한민족의 뿌리문화를 보여주는 것이다.

김선주 저 | 144쪽 | 값 6,500원

천주는 상제다

『천국문명을 건설하는 마테오 리치』의 자매편으로 동서양의 종교를 대표하는 기독교와 신교의 신인 천주와 상제가 결국은 동일하다는 사상을 주제로 삼는다.

양우석 저 | 151쪽 | 값 6,500원

주역周易과 만나다

주역 64괘중 기본괘인 건괘, 곤괘,
감괘, 리괘와 겸괘, 사괘, 대유괘, 혁
괘를 정리한 주역입문서.

양재학 저 | 285쪽 | 값 6,500원

도道와 제帝

개벽사상에 대한 새 담론은 도道와
제帝의 관계에서 출발하며, 인류문
명의 패러다임의 전환이 어떻게 가능
한가 하는 물음이 담겨 있다.

원정근 저 | 188쪽 | 값 6,500원

하도낙서와 삼역괘도

인류문명의 뿌리인 하도와 낙서의 세
계와 복희팔괘, 문왕팔괘, 정역팔괘
를 쉽게 정리한 입문서.

윤창열 저 | 197쪽 | 값 6,500원

원한을 넘어 해원으로

140여 년 전 증산상제가 밝혀 준 해
원 문제의 '코드'를 현대인들이 보다
쉽게 이해할 수 있도록 재조명 하였
다. 원리적 접근과 역사적 경험적 접
근으로 다가간다.

이윤재 저 | 186쪽 | 값 6,500원

한민족 문화의 원형, 신교

신교는 상고 이래 우리 겨레의 삶을
이끌어 온 고유한 도로써 정치, 종
교, 예술 등이 길어져 나온 뿌리가
되는 원형문화다.

황경선 저 | 191쪽 | 값 6,500원

어머니 하느님
【정음정양과 수부사상】

상제의 수부이자 만 생명의 어머니인
태모사상을 통해서 어머니 하느님 신
앙의 새로운 의미를 되살펴보고, 진
정한 여성해방의 길이 무엇인지를 모
색하고 있다.

유 철 저 | 189쪽 | 값 6,500원